CÓMO PROTEGEN SUS ACTIVOS LOS MÁS RICOS
(Y POR QUÉ DEBEMOS IMITARLOS)

Planificación patrimonial internacional en la era de la transparencia

2da edición, revisada, actualizada y ampliada

MARTÍN A. LITWAK

**CÓMO PROTEGEN SUS ACTIVOS
LOS MÁS RICOS
(Y POR QUÉ DEBEMOS IMITARLOS)**

Martín A. Litwak © 2021

No se permite la reproducción total o parcial, el almacenamiento, el alquiler, la transición o la transformación de este libro, en cualquier forma o por cualquier medio, sea electrónico o mecánico, mediante fotocopias, digitalización u otros métodos, sin el permiso previo y escrito del autor y editor.

ISBN-13: 9781720469698

Editado por:
The 1841 Foundation, Inc.

THE
1841
FOUNDATION

Diseño de portada:
Lorena Litwak
www.bfyd.com.ar

A mis padres, quienes siempre estuvieron, siempre están y siempre estarán. De Uds. aprendí, entre otras cosas, la incondicionalidad.

A mi hermana Lore, una de las personas más lindas que jamás conocí.

A Agus, quien no solo me apoyó siempre y emprendió conmigo la aventura de mudarnos a BVI, sino que me dio los hijos más maravillosos del mundo.

A Ariel y a Barbi, **que son mi todo**.

A mi ahijada Ana Clara, que es un sol.

A Jose.

A mis sobrinos, al resto de mis cuñados y a mi familia política en general.

A mis tíos y primos.

A Daniel Lacalle y a Manu Adorni, por haber escrito el prologo y las palabras finales para esta nueva edición del libro.

A Diego Pivoz, a Emiliano Córdoba y a Verónica Medero por haber leído los borradores y haberme provisto de valiosos comentarios, sugerencias y correcciones.

A todos los integrantes de Untitled.

A mis clientes, colegas y amigos.

A mis seguidores en redes sociales.

A quienes me dieron para adelante siempre y, **sobretodo**, a quienes no lo hicieron.

Sin todos y cada uno de Uds., no habría llegado hasta aquí.

GRACIAS

ÍNDICE

ÍNDICE 7
INTRODUCCIÓN 1
PRÓLOGO 7
- I - INTRODUCCIÓN A LA PLANIFICACIÓN PATRIMONIAL INTERNACIONAL 17
- II - JURISDICCIONES OFFSHORE: LA HISTORIA OFICIAL 33
- III - JURISDICCIONES OFFSHORE 101 43
- IV - HERRAMIENTAS BÁSICAS DE PLANIFICACIÓN PATRIMONIAL INTERNACIONAL 59
- V - OPCIONES: ¿CUÁL ES LA MEJOR? 93
- VI - ¿CUÁNDO ES CONVENIENTE ESTRUCTURAR UN PATRIMONIO? 97
- VII - EL ROL DE LAS SOCIEDADES EXTRANJERAS EN LA PLANIFICACIÓN PATRIMONIAL INTERNACIONAL 107
- VIII - EL TRUST: UNA HERRAMIENTA CLAVE 119
- IX - LOS FONDOS DE INVERSION FAMILIARES 133
- X - PLANIFICANDO PATRIMONIOS A TRAVÉS DE PÓLIZAS DE SEGURO 149
- XI - MUDANZA INTERNACIONAL: THE ULTIMATE WEALTH STRUCTURING TOOL 157
- XII - HERENCIA DIGITAL 167
- XIII - LA OCDE Y EL ICIJ DEBERÍAN PEDIR PERDÓN 173
- XIV - TRANSPARENCIA FISCAL FOR DUMMIES 183

SOBRE EL AUTOR 197

PALABRAS FINALES 199

BONUS TRACK.. 201

– A – LOS 10 IMPUESTOS MÁS RIDÍCULOS DE LA HISTORIA 203

– B – UNA PRIMERA APROXIMACIÓN AL NEFASTO IMPUESTO A LA HERENCIA 211

– C – REGISTROS DE BENEFICIARIOS FINALES DE SOCIEDADES 219

– D– MORALIDAD TRIBUTARIA 227

– E – LIBERALISMO, CAPITALISMO E IMPUESTOS 235

– F – PLANIFICACIÓN PATRIMONIAL PARA DEPORTISTAS DE ÉLITE 247

INTRODUCCIÓN

Si mi memoria no me falla, conocí a Martín Litwak hace más de una década.

En el mundo profesional que habitamos somos pocos y casi todos nos conocemos.

Hay que entender ese mundo para poder tener una impresión más o menos aproximada de la persona en cuestión especialmente porque como en todo ámbito profesional, la competencia, los celos, la necesidad de generar recursos para pagar las cuentas muchas veces hacen que uno se olvide de mirar un poco más allá del "personaje" que cada uno de nosotros crea a los fines de transitar ese mundo profesional alejado de nuestra familia y afectos cercanos.

En principio, a Martín me lo presentaron como *"ese abogado argentino que vive en BVI"*, lo cual era interesante (también trabajé en BVI, creo haber sido el primer abogado argentino en hacerlo...) pero al mismo tiempo porque Martín no trabajaba como muchos otros abogados en una empresa de servicios fiduciarios sino que lo hacía en una firma de abogados y, para más información, en una firma de abogados anglosajona, lo cual para un abogado criado y educado en el derecho romano-germánico ya era, de por sí, un gran triunfo.

Pero Martín, siendo el profesional cabal que es, no se quedó con eso, sino que también estudió, aplicó y consiguió su licencia de abogado en el Reino Unido y en BVI.

Desafío a los colegas a que me indiquen cuántos más lo han hecho, seguro que estamos hablando de un club bastante reducido.

Ni hablar de cómo Martín llegó a BVI, que pone mucho más mérito y relieve al lugar que ocupa actualmente: iba a ser contratado por una de esas empresas proveedoras de servicios fiduciarios, pero al tenerlo en BVI le dijeron que en realidad ese trabajo no era para él, que estaba sobre calificado, que muchas gracias y hasta luego.

Martín en lugar de deprimirse por el evidente palo que la vida profesional le infligía, decidió ir a golpear puertas en los estudios jurídicos de la isla (población alrededor de 15.000 personas para que se tenga en cuenta que no estamos hablando de un mercado laboral enorme) y fue así como lo contrataron, probablemente por un salario muy inferior a su real valía como profesional del Derecho.

Y ahí es cuando se debe tener que empezar a calibrar realmente al "personaje" en cuestión, quien no se amilanó, agachó la cabeza y empezó a trabajar duro (otra de sus virtudes) y a estudiar duro (otra más) logrando ser aceptado y respetado como abogado en el mundo anglosajón y creando una práctica profesional enfocada en los fondos de inversión para clientes latinos que lo llevó a ser reconocido por sus pares como uno de los mejores especialistas en la materia, alguien que sabe de fondos de inversión como pocos en Latinoamérica y, me atrevo a decir, en el mundo.

Y el derrotero sigue, porque después de un tiempo le piden que abra oficina representativa en Montevideo de una firma de abogados de BVI (la primera en la historia) y ahí se forjó el vínculo profesional de Martín con esa otra jurisdicción, a la que ama tanto que no puede dejar de criticar (acertadamente) por los descalabros legales y regulatorios de la última década.

No contento con todo esto (que ya de por sí sería suficiente para muchos colegas del rubro) Martín, como emprendedor serial que es, decide fundar su propio estudio, que fue creciendo de una pequeña oficina en Montevideo a lo que es hoy con oficinas en BVI y Miami.

A todo esto habría que agregar, además, que Martín es – la mayor parte del tiempo - padre y madre al mismo tiempo de 2 hijos entrando en la adolescencia (tengo 3 hijos así que puedo dar fe de que es una empresa que solamente se puede llevar a cabo por vocación y amor hacia los tuyos), es un redactor serial de artículos de opinión en la publicación que se le ponga adelante, es un asiduo actor y opinador en las redes sociales, integra varias asociaciones de expertos en Derecho Privado Internacional y es asimismo un reconocido expositor en conferencias y foros del área de *Wealth Planning*.

¡A veces creo que en el mundo donde vive Martín, el día tiene más de 24 horas!

Y así es que llegamos a este trabajo honesto y actual sobre un tema del que muchos "expertos" hablan desde la mitología y el desconocimiento, pero que definitivamente se nota que Martín ha puesto el tiempo y la dedicación para sentarse a escribir, y debo decir que saludo jubilosamente el hecho de que finalmente un experto en la materia tenga el valor y la modestia necesarias para compartir con el público en general y los colegas en particular su conocimiento y experiencia profesional en esta verdadera guía práctica de la planificación patrimonial internacional.

Lo remarcable de la presente obra es que no solamente es actual, sino que es práctica y rigurosa al mismo tiempo, por lo que tranquilamente puede ser leída por la famosa "Doña Rosa" pero también por todo aquel profesional que quiera entender más sobre este mundo fascinante y muchas veces misterioso.

¡Felicitaciones Martín y gracias nuevamente por compartir!

Diego Pivoz

PRÓLOGO

Proteger nuestro capital no es solo un ejercicio responsable. Es una obligación para poder garantizar un futuro confortable y poder afrontar los retos venideros desde la base más sólida: la libertad económica. No es un ejercicio de egoísmo ni de especulación, sino de supervivencia y realismo. Proteger nuestro capital no deja de ser la labor obligatoria para cualquier padre o madre de familia que pretende tener cierta seguridad ante la incertidumbre.

Vivimos en una época en la que, desde los gobiernos y los bancos centrales, se intenta introducir la idea de que el ahorro es malo. Es una gran equivocación. Una sociedad próspera siempre está basada en el ahorro y la inversión prudente. Sin embargo, en las últimas décadas, tras la multitud de planes de estímulo y déficits públicos, parece como si nuestra sociedad estuviese basada en el gasto y la deuda y no en el ahorro y la inversión prudente. La enorme acumulación de deuda y el creciente peso del gasto público en el Producto Interior Bruto nos han llevado a escuchar en innumerables ocasiones que el ahorro es malo ¿por qué?

Porque los gobiernos se benefician vía fiscal del aumento de deuda y con ello de las subidas de impuestos y además se benefician a través del impuesto inflacionario de la desaparición del ahorro en términos reales vía depreciación del poder adquisitivo de la moneda.

Nuestros ahorros se disuelven. Por un lado, nos detraen una cantidad creciente vía impuestos y el resto lo dilapidan hundiendo el valor de la moneda vía política monetaria. Como un cubo de azúcar en un vaso enorme de agua, nuestro ahorro desaparece. Es por ello por lo que la labor de proteger nuestros ahorros es compleja y además cada vez más difícil de realizar exitosamente. El líquido que disuelve nuestro ahorro, nuestro cubito de azúcar es cada vez más poderoso: Billones de dólares de aumento de masa monetaria buscando aumentar la inflación y miles de millones de déficits públicos creados por estados que no pueden o no quieren reestablecer su estabilidad fiscal.

¿El riesgo? Esa acumulación de deuda y aumento de masa monetaria termina inevitablemente con la realidad de la pérdida de valor adquisitivo de la moneda y con enormes impuestos, que aumentan la incertidumbre de familias y empresas ahorradoras.

Para preservar y hacer crecer el ahorro, por lo tanto, debemos tener en cuenta ese inexorable efecto disolvente de la política fiscal y monetaria e incorporarlo a nuestra gestión financiera. Sabemos que nos quieren diluir los ahorros, por lo tanto, partimos de una ventaja de partida: conocemos la estrategia monetaria y fiscal y su resultado.

Preservar y hacer crecer el capital requiere además una gestión activa y dedicada. No todos los métodos de ahorro son seguros o tienen la capacidad de generar estabilidad especialmente en un mundo convulso donde el ahorrador se encuentra que la anteriormente mencionada acumulación de desequilibrios genera crisis financieras cada vez más frecuentes.

Un buen portafolio de activos de inversión debe tener todos estos factores en cuenta. Los ciclos económicos son cada vez más cortos y abruptos y los riesgos que percibimos pueden parecer bajos en periodos de optimismo y mercados alcistas, pero disfrazan niveles de riesgo mayores a los que probablemente deseamos.

Por ello es importante contar con manuales que nos ayuden a entender cómo preservar el ahorro y este que nos ocupa, de Martin Litwak, es un buen lugar para comenzar. Como todo libro divulgativo, no busca ser una bola mágica ni pretende tener razón en todo lo que expone. Usted o y podemos discrepar de algunos elementos, pero todos podemos encontrar información valiosa y ejemplos que nos pueden aportar valor añadido a la hora de tomar decisiones. Porque la decisión y la responsabilidad última es solo de cada uno de nosotros. Cuando encontramos un libro que refleja temas complejos y a la vez controvertidos de manera clara y exposición detallada como hace Martin Litwak, no debemos pensar en estar de acuerdo con todo o considerarlo como una fórmula indivisible que debe tomarse en su totalidad, sino como una guía de consulta y de información que nos permite tomar decisiones individuales con mayor confianza y una base más sólida.

Uno de los caballos de batalla de Martin Litwak es explicar, de manera sencilla y a la vez rigurosa, la importancia de la competencia fiscal y de un marco impositivo atractivo que permita a la sociedad crecer y crear prosperidad gracias a ese ahorro, inversión e incentivos individuales que conforman las sociedades más libres, que son también las más ricas y socialmente más desarrolladas.

Nos hablan constantemente de armonización fiscal como s fuera la panacea, como si tener la misma carga impositiva en todo el mundo, en todas las naciones, regiones y pueblos fuera un arma de progreso. Excepto que armonización no es el eco de las voces de los Beach Boys cantando Our Prayer, sino que esconde subir los impuestos a todos. Todo el mundo entiende que, si los impuestos al azúcar o a la gasolina están diseñados para reducir el uso de edulcorante y combustibles fósiles entonces los impuestos al ahorro, al trabajo o a la inversión penalizan esos factores.

El progreso no se construye desde los impuestos altos, sino desde la atracción de inversión y empleo. El estado no existe sin un sector privado pujante y próspero. No hay sector público sin los ingresos del sector privado. Por lo tanto, la competencia fiscal es clave para fortalecer el desarrollo. La política fiscal es lo que permite a naciones menos dinámicas y desarrolladas avanzar más rápido, crecer más y converger atrayendo inversión y empleo desde el capital global.

Defender la armonización fiscal global no tiene sentido. Primero, porque es una medida proteccionista. Es decir, los estados líderes globales, que ya son ricos y ya pasaron por el proceso de desarrollo hasta ser líderes, se pueden permitir el lujo de tener algunos impuestos altos, pero si le imponen esa misma fiscalidad a los países menos desarrollados los condenan al subdesarrollo. Además, cuando un país líder impone a los demás su tasa de impuestos es porque sabe que la fiscalidad que pretende imponer dentro de sus fronteras es extractiva y confiscatoria, y por ello busca imponerla fuera de sus fronteras. Por eso es tan importante la competencia fiscal. Porque sirve de freno a las ansias recaudatorias extractivas.

Un estado confiscatorio nunca tiene suficiente. Y no ahorra en épocas de bonanza. Es precisamente la competencia fiscal de distintos países la que hace que usted no trabaje para pagar impuestos al estado desde enero hasta octubre, como pasaba hace pocas décadas. En 1979, la media del IRPF en la OCDE en el tramo máximo superaba el 67% y el impuesto de Sociedades el 50%, además de impuestos al capital de todo tipo. ¿Era el estado más eficiente antes y la riqueza mayor? No. De hecho, entre inflación y altos impuestos, muchos países entraron en recesiones prolongadas, incluido el Reino Unido. Países como Francia han tenido altos impuestos desde hace décadas y eso no ha hecho su economía crecer más ni tener unas cuentas saneadas. Francia no tiene un presupuesto equilibrado desde finales de los años 70 y lleva tres décadas en estancamiento, con alta deuda y más tasa de paro en periodos de crecimiento que otros países como EEUU. Hoy, gracias a la apertura y la competencia fiscal, contamos con impuestos muy inferiores y mayor riqueza, empleo y prosperidad. Lo que quieren muchos políticos es volver a 1975, pero con sueldos políticos de 2012.

No seamos infiernos fiscales. Compitamos. Atraigamos capital. No inventemos cuentos intervencionistas pensando que Hong Kong o Singapur van a ser obligados a ser como Bélgica. Exijamos transparencia, por supuesto, pero colaboremos y trabajemos para atraer ese capital a nuestras fronteras. No intentar confiscarlo. Porque no va a funcionar.

La globalización, la libre circulación de capitales y el comercio han hecho posibles los derechos que muchos hoy reclaman. Las políticas confiscatorias y el desprecio al éxito llevan inevitablemente a la miseria. Volver a los controles de capital, el intervencionismo y el estado paternalista nos llevan a la igualdad en la miseria.

Buscar la igualdad a cualquier precio es desincentivar la creación de riqueza y empobrecer a todos. Atraer capital y crear riqueza, mejorando la renta disponible de todos, genera más oportunidades y crecimiento. Unirnos en la pobreza para sostener un estado extractivo solo nos lleva a otra depresión.

Competir fiscalmente no es una carrera hacia cero. No es cierto. Hasta los llamados refugios fiscales tienen un gasto público que ronda el 25% del PIB. Eso, en sí mismo, imposibilita la mal llamada carrera hacia cero. En cualquier caso, la carrera debe ser hacia el coste del estado que garantice el servicio que recibimos del mismo, no una política fiscal donde el gasto público solo crece y no se introducen conceptos como eficiencia y priorización.

Cuando nos planteamos el futuro, tengamos en cuenta que el riesgo al que nos enfrentamos es elevado, que todas las amenazas fiscales y monetarias antes reseñadas probablemente aumenten en intensidad en los próximos años, pero que nuestra capacidad de preservar los ahorros y hacerlos crecer es mucho mayor de lo que nos hacen creer.

Recuperemos una sociedad basada en el ahorro y la inversión prudente y desterremos el sistema basado en el gasto y la deuda. Disfruten la lectura de esta interesante y provocativa guía.

Daniel Lacalle es doctor en Economía, profesor de Economía Global, gestor de fondos y autor de libros como "Libertad o Igualdad", "Viaje a la Libertad Económica" o "La Madre de las Batallas" (Ediciones Deusto todos).

– I –

INTRODUCCIÓN A LA PLANIFICACIÓN PATRIMONIAL INTERNACIONAL

En la tarde del 8 de mayo de 2015, el cuadro "*Le Sauvetage*" (en español, "El rescate") de Pablo Picasso se transformó en la vedette de la subasta de primavera de arte impresionista y moderno organizada por Sotheby's al venderse en US$31,5 millones.

Las estimaciones previas oscilaban entre US$14 y US$18 millones, prácticamente la mitad del precio final al cual finalmente se vendió la obra.

Más recientemente, el 4 de abril de 2017, la misma casa de remates, esta vez desde su sede de Hong Kong, subastó el diamante más caro de la historia. Se trató de la piedra conocida como "*Pink Star*", que con una base de US$56 millones, fue finalmente vendida en US$71,2 millones. La subasta duró tan solo 5 minutos. El diamante, de 59,60 quilates y 11,92 gramos de peso, es la gema más grande de su categoría según el Instituto Gemológico de los Estados Unidos.

En noviembre del mismo año, el cuadro *"Salvator Mundi"*, atribuido a Leonardo Da Vinci, se remató en Sotheby's de Nueva York por US$450 millones. Solo la comisión del rematador superó los US$50 millones.

En mayo de 2019, apenas dos semanas antes de la publicación de la primera edición de este libro, la venta en otra subasta, en este caso organizada por la casa Christie's en Nueva York, de la escultura de un conejo gigante moldeado en acero inoxidable convirtió a Jeff Koons en el artista vivo más caro del mundo. El precio pagado por dicha obra, de más de un metro de altura, fue de US$91,1 millones.

¿Un repentino y desenfrenado "amor al arte"?

En absoluto.

Comprar artículos de lujo que no pierden su valor por el correr del tiempo (y que, en ocasiones, de hecho pueden aumentarlo) y que pueden mantenerse fuera del sistema financiero global es una de las pocas opciones que van quedando a quienes quieren resguardar sus fortunas para que la información respecto de su monto y composición no trascienda, no sea intercambiada en forma automática, ni los exponga a riesgos innecesarios (extorsión, secuestros, robos, etc.).

Además de obras de arte y joyas (artículos que por supuesto no están al alcance de todos), existen otras alternativas como relojes, oro e inclusive autos antiguos.

En este último campo, por ejemplo, se destaca la venta –en 2014– de una Ferrari 250 GTO 1962 en Carmel por US$38 millones.

La fiebre por las criptomonedas, tambien puede encontrar una explicación parcial en la mayor valoración que la gente hace respecto de la privacidad en tiempos de un intercambio de información entre países casi obsceno.

No se trata de adoptar una actitud paranoica ni mucho menos, sino de una simple consecuencia de la pérdida de privacidad y consecuente riesgo generados por el intercambio automático de información financiera, que para muchos países comenzó el 1 de enero de 2016 y para muchos otros el 1 de enero de 2017.

La creación de registros públicos o semipúblicos de directores, accionistas y/o *ultimate beneficial owners* y la aprobación de otras medidas similares que atentan contra el derecho a la privacidad de las personas, han contribuido a acelerar esta tendencia.

Es indudable que en la dicotomía entre transparencia y privacidad, los países industrializados de alta tributación que -nos guste o no- controlan el mundo financiero, han decidido priorizar la transparencia. Esta no es una política que vaya a cambiar en el corto plazo, sino, por el contrario, va camino a afianzarse.

Si bien siempre se han utilizado excusas tales como la necesidad de combatir el terrorismo o evitar fraudes financieros para justificar el incesante ataque contra las jurisdicciones de nula o baja tributación, lo cierto es que la verdadera razón detrás de estas presiones y del intercambio automático de información financiera es la inagotable voracidad fiscal de los Estados. Y por eso es que la tendencia hacia la transparencia no va a detenerse por más que la mayor parte de los fraudes financieros (i.e. Madoff, etc.) se dan *onshore* y no *offshore* y que lo mismo sucede en materia de financiamiento del terrorismo.

De hecho, las presiones que desde la década del 90' ha ido creando la OCDE en contra de los paraísos fiscales no tuvieron el más mínimo efecto hasta que ganaron "*momentum*" tras el atentado a las Torres Gemelas y -sobretodo- el cambio de discurso de la propia OCDE, que abandonó aquello de las "prácticas tributarias dañinas" para centrarse en su "cruzada" contra el lavado de dinero y el terrorismo internacional. Una pena que muchos pagadores de impuestos cayeron en la trampa y comenzaron a justificar estos infundados ataques.

La gran pregunta aquí es qué hará Estados Unidos, pero ya regresaremos a eso más adelante.

Mitos y realidades del mundo post FATCA/CRS

La irrupción del intercambio automático de información financiera, primero entre Estados Unidos y otros países a partir de la sanción de la *Foreign Account Tax Compliance Act* ("FATCA"), y luego a través del *Common Reporting Standard* ("CRS"), cambió para siempre la forma en que las familias de mayores recursos estructuran sus fortunas[1].

En efecto, hace tan solo unos años, las principales preocupaciones u objetivos de las familias tenían que ver con la optimización fiscal y las cuestiones sucesorias.

Quienes no estén familiarizados con estos sistemas de intercambio de información, pueden leer más acerca de los mismos sobre el final del libro, en el capítulo titulado "Transparencia fiscal para dummies".

El tema privacidad, y por ende los temas seguridad jurídica e integridad personal que en gran medida dependen de aquella, no eran una preocupación para nadie, porque se daba por sentado. Dicho de otro modo, por entonces, no era una utopía lograr 100% de privacidad sobre los bienes que se tenían y las actividades comerciales que se desarrollaban. De hecho, era algo bastante sencillo de lograr.

Hoy en día, sin embargo, la pregunta que se hacen estas mismas familias es qué opciones tienen aún para estructurar sus patrimonios de modo tal de poder dormir tranquilos en la noche logrando, al mismo tiempo, el mayor nivel de privacidad posible y el menor nivel de impuestos que legalmente puedan alcanzar.

De más está decir que ambas finalidades (pagar la menor cantidad de impuestos dentro de la ley y/o proteger la privacidad) son <u>absolutamente</u> legítimas por más que los Estados pataleen.

A estas finalidades, se agregan las cuestiones sucesorias, la seguridad jurídica, la integridad personal y la protección del patrimonio frente a terceros.

En el mundo de la planificación patrimonial, hay cuatro aspectos que han cambiado para siempre y que no debemos olvidar al momento de estructurar patrimonios:

1. Los activos no declarados valen menos que los declarados; y van desapareciendo de los bancos.
La diferencia entre las amnistías fiscales más recientes (i.e. Argentina, Brasil, Chile, Colombia y Perú) con todas las anteriores, es que los bancos internacionales –incluyendo algunos bancos estadounidenses– se han involucrado activamente, pidiendo (casi exigiendo) a sus clientes que regularicen su situación fiscal en sus países de residencia.

¿Por qué lo hicieron?

Por miedo a multas y otro tipo de represalias y porque las normas que los regulan así lo exigen.

Frente a este panorama, habiendo tanto dinero declarado, y por ende no riesgoso para las entidades financieras, los bancos van perdiendo interés por los fondos no declarados. Lo mismo sucede con los individuos y las empresas.

Es innegable que en un futuro cercano no va a haber dinero no declarado en bancos de primera línea y esta es una de las razones por las cuales -como señalamos anteriormente- los precios de otros activos (joyas, autos de colección, arte, criptomonedas, etc.) han ido en aumento.

2. Los bancos ya no solo trabajan para sus clientes, sino que destinan gran parte de su tiempo y recursos a recabar información que luego será intercambiada con autoridades fiscales de todo el mundo.

Es muy habitual escuchar a clientes decir que no es necesario armar una estructura muy sólida porque cuando haya que hacer un cambio en la cuenta, por ejemplo, ante el fallecimiento de uno de los titulares, el banquero lo va a hacer "de onda".

Si bien esto fue así durante mucho tiempo, no lo es más.

Y no se trata de que los banqueros ahora no sean nuestros amigos, sino que ya no existe alineación de intereses. No somos simplemente clientes. Los banqueros y los bancos para los cuales trabajan tienen cada vez mayores obligaciones de *compliance* y *reporting*, y este tipo de favores será cada vez menos frecuente porque el vínculo, nos guste o no, ha cambiado. Un banquero que decida hacer este tipo de favor a un cliente, no solo se expone a perder su trabajo sino a una sanción del regulador que quedará por siempre en su licencia.

Y, aún cuando en algún caso esto pueda darse, no es para nada recomendable que toda la planificación patrimonial familiar dependa de favores de terceros.

3. Estados Unidos no es la respuesta a todas las preguntas.

Es cierto que Estados Unidos ha tenido siempre un secreto bancario muy fuerte. De hecho, para muchos especialistas, entre los que me incluyo, siempre ha sido aún más fuerte que el famoso secreto suizo.

También es cierto que, tras la irrupción de CRS (el sistema automático de intercambio de información promovido por la OCDE, al que hicimos mención más arriba), el país del norte se ha convertido en prácticamente la última frontera en planificación patrimonial y que hay varios Estados que han encontrado en este campo un nicho interesante de negocios (Nevada, Wyoming, South Dakota, Delaware, etc.).

Es cierto, finalmente, que organismos internacionales han señalado que Estados Unidos se quedó atrás en la adopción de los estándares globales en materia de identificación de clientes y lucha contra el lavado de dinero (ver, por ejemplo, el reporte de la *Financial Action Task Force* de diciembre de 2016).

Sin embargo, no es recomendable pasar por alto los signos que muestran claramente que, a un ritmo más lento y manteniendo siempre una ventaja competitiva, Estados Unidos también avanza hacia una mayor transparencia. Tampoco hay que olvidarse que Estados Unidos fue quien comenzó a inclinar irreversiblemente el péndulo hacia la transparencia con la aprobación del U.S. Patriot Act, las sanciones a bancos europeos y luego la aprobación de FATCA, sobre cuyos principios se estructuró posteriormente CRS. Inclusive, esta tendencia en absoluto se detuvo tras la sanción de FATCA. El ultimo ejemplo de esta tendencia es bastante reciente y tiene que ver con la aprobación de la *Corporate Transparency Act* en diciembre de 2020, en plena transición entre las presidencias de Trump y Biden.

Por otro lado, tampoco puede desconocerse la doctrina sentada por el caso "*Pasquantino et al. v. United States*" (el "Caso Pasquantino") que, si bien no se ha aplicado muy seguido, no ha sido dejada sin efecto y hoy está vigente.

El "Caso Pasquantino", resuelto por la Suprema Corte de Justicia de Estados Unidos el 26 de abril de 2005, dejó abierta la posibilidad de que dicho país condene penalmente a aquellas personas que evadan leyes fiscales extranjeras usando el sistema de cableado telefónico norteamericano.

En aquella oportunidad, la justicia de los Estados Unidos condenó a tres personas que durante cuatro años encargaron telefónicamente botellas de licor desde el Estado de Nueva York a una licorería en el Estado de Maryland, para luego ingresarlas de manera ilegal a Canadá, con el objeto de evadir el pago de impuestos en aquel país.

Si bien el criterio seguido mayoritariamente por la jurisprudencia estadounidense siempre había sido que los tribunales de los Estados Unidos no tenían competencia para interpretar ni aplicar leyes fiscales extranjeras, en este caso la Suprema Corte entendió que se violaron leyes fiscales de Estados extranjeros a través del uso del sistema interestatal de comunicaciones por cable, y que esa conducta (no la evasión fiscal en sí misma) resulta penable por los tribunales estadounidenses.

Este precedente tiene, al menos potencialmente, gran relevancia ya que deja abierta la posibilidad de que, por ejemplo, se considere que los asesores financieros o fiscales que asesoren a sus clientes como "esconder" fondos de autoridades tributarias no estadounidenses, utilizando las líneas de comunicación interestatales de Estados Unidos, estén cometiendo un delito federal bajo las leyes estadounidenses.

De hecho, hubo una lógica similar detrás de las sanciones que impuso Estados Unidos a bancos extranjeros mencionados más arriba, aduciendo que su competencia quedaba justificada por el uso que hicieron aquellas entidades financieras de la moneda y del sistema financiero norteamericano.

En definitiva, si bien hoy Estados Unidos brinda un poco de calma en medio de la tormenta; esa calma debe utilizarse para planificar y ejecutar esos planes y no para relajarse.

4. *Confluencia de la planificación patrimonial offshore y onshore.*

El avance de la transparencia en materia de información financiera y las amnistías fiscales que se han dado en todo el mundo en los últimos años, han creado un interesante fenómeno que ya no se puede ignorar.

Tradicionalmente, los contribuyentes planificaban sus temas patrimoniales en dos mundos paralelos que no se tocaban.

De hecho, era grave si lo hacían ya que muchas veces la parte de la fortuna familiar que se manejaba *offshore*, no estaba declarada en el país donde dicha familia residía.

Estaban, por un lado, los activos declarados –mayormente ubicados en el país de residencia del cliente– cuya existencia conocía el contador del contribuyente y respecto de los cuales se planificaba, erróneamente, muy poco.

Por otro lado, estaban los activos internacionales, sobre cuya existencia los asesores locales de las familias en cuestión, poco sabían. Estos activos en general sí se estructuraban, más que nada para evitar que al fallecimiento del dueño original de los mismos tuviera que abrirse sucesión en el país de residencia.

Hoy en día, esta separación se ha esfumado y lo mejor que pueden hacer las familias es incluir los activos locales e internacionales dentro de una misma estructura o, al menos, asegurar que haya consistencia y coordinación entre múltiples estructuras.

Timing

No es emocionalmente sencillo encarar los temas que tratamos a lo largo de este libro, pero es indispensable.

Nadie quiere pensar en su propio fallecimiento, imaginar cómo quedarán sus hijos y demás seres queridos, etc.

Sin embargo, justamente por ellos es importante dejar las cosas organizadas y claras.

Muy a menudo, clientes del estudio me dicen que quieren armar tal o cual estructura para evitar que sus herederos se peleen. Mi respuesta es siempre la misma: eso se logra con una buena educación, no con estructuras legales.

Más allá de eso, sí es cierto que una estructura legal bien armada en una jurisdicción seria va a ayudar para que esa pelea –de existir– se resuelva como los dueños originales de los activos habrían querido que se resolviese.

Por otro lado, aún cuando algunos clientes tuvieran en claro lo anterior, en general a los latinoamericanos no nos gusta hablar de dinero y somos además cortoplacistas. Ambas características, obviamente, atentan contra la planificación patrimonial.

Por ello, siempre que un cliente me comenta que entiende la importancia de la cuestión pero que todavía no es momento para poner manos a la obra, le recuerdo aquel famoso proverbio chino que reza *"El mejor momento para plantar un árbol fue veinte años atrás.* **El segundo mejor momento es ahora**".

Esta enseñanza es vital para nuestra materia.

Un último comentario: si bien el tamaño de la fortuna familiar importa a la hora de definir un curso de acción, la planificación patrimonial es fundamental para todas aquellas personas que tienen capacidad de ahorro. Los que más tienen, podrán armar estructuras más complejas y que impliquen mayores beneficios. Los que tienen menos, establecerán vehículos más sencillos o –en el peor de los casos– deberán analizar las consecuencias tributarias y sucesorias de los activos en los cuales invierten. No es lo mismo comprar una acción o un bono, y tampoco lo es comprarlo en su país de residencia fiscal o en otro.

– II –

JURISDICCIONES OFFSHORE: LA HISTORIA OFICIAL

Las cosas por su nombre

Dado que muchas de las estructuras y alternativas que vamos a analizar a lo largo de los distintos capítulos que componen este libro incluyen elementos *"offshore"*, es oportuno estudiar las jurisdicciones *offshore* en forma general ¿Qué son exactamente? ¿Qué rol cumplen en el mundo actual? ¿Cuál ha sido su origen y hacia dónde van? ¿Están solo al alcance de los multimillonarios?

En primer lugar, aún cuando se habla cada vez más de centros o jurisdicciones *offshore*, muy poca gente entiende a ciencia cierta cuáles son las que califican realmente como tales y por qué.

Y esto tiene que ver con dos fenómenos:

    a. El término *"offshore"* es geográficamente relativo y se presta a confusiones. Si tengo residencia fiscal en Uruguay, por ejemplo, *offshore* podría ser Panamá o

BVI, pero nunca Uruguay. Lo mismo aplica a cualquier otro país.

b. Si tomamos por válida la definición de jurisdicciones *offshore* creada por la OCDE, que hace hincapié en la posibilidad de emitir acciones al portador y la coexistencia de dos regímenes impositivos diferentes para residentes y no residentes fiscales, debemos concluir que las mismas –si existieron– no existen más, lo cual de hecho generó que el listado de jurisdicciones *offshore* que confecciona dicho organismo quedara finalmente vacío.

El concepto "paraíso fiscal" tampoco aporta mucha claridad, ya que hay muchas jurisdicciones que son verdaderos infiernos tributarios para sus contribuyentes pero que –utilizadas con inteligencia– pueden reducir notablemente la carga tributaria para residentes fiscales de otros países (i.e. Reino Unido, Holanda, España, etc.).

La misma crítica aplicaría a la denominación –mucho más sobria– de jurisdicciones de baja o nula tributación.

El término "refugio fiscal", que es en realidad la traducción correcta del vocablo inglés *"tax haven"*, tampoco debería utilizarse, ya que todas las jurisdicciones que han sido señaladas como tales han adoptado normas de transparencia propias del primer mundo.

Pareciera que lo más lógico sería hablar de centros financieros internacionales, pero –si lo hacemos– van a saltar todos los críticos de las jurisdicciones *offshore* diciendo que estamos esquivando el bulto, porque han demonizado la palabra y no quieren perder esa ventaja.

Anticipándonos a esas críticas, decidí escribir acerca de estas jurisdicciones *offshore*, con la esperanza de que el lector –conociendo la realidad que le voy a presentar– contribuya a desmitificar el concepto; a quitarle la carga negativa que conlleva.

Al fin y al cabo, más allá de la denominación que se utilice, el problema en el mundo actual no es la existencia de jurisdicciones de baja o nula tributación sino la voracidad fiscal de Estados cada vez más grandes, ineficientes y endeudados.

Quizás algún día escribamos un libro especialmente dedicado a la lucha entre paraísos fiscales e infiernos tributarios. El tiempo dirá.

Volviendo a este, si los gobiernos pusieran el mismo énfasis que ponen en crear regulaciones burocráticas e innecesarias, endeudarse más allá de toda lógica y aumentar el déficit fiscal, en cumplir con las funciones **básicas** que todo Estado debe asumir y en administrar los recursos de los pagadores de impuestos en forma eficiente, las jurisdicciones *offshore* no tendrían razón de existir.

En otras palabras, la forma más sencilla y eficiente de luchar contra los paraísos fiscales es bajar impuestos y proveer seguridad jurídica.

En el inconsciente colectivo, cuando uno piensa en los mal llamados "paraísos fiscales", imagina un grupo de millonarios en sus yates extravagantes o aviones de lujo escondiendo dinero para pagar menos impuestos y nada más. A ello han contribuido tanto los escritores y los cineastas, como los gobiernos de los países de alta tributación y el organismo que los aglutina y que, oh casualidad, encabeza el *lobby* contra este tipo de jurisdicciones, la nefasta OCDE.

Durante los últimos años los gobiernos de los países centrales y la OCDE han logrado que los propios contribuyentes apoyaran esta cruzada, al convencerlos –sin ningún tipo de evidencia fáctica– de que gracias a la existencia de jurisdicciones *offshore* es que existe el lavado de dinero y el terrorismo. Ese ha sido su gran triunfo: la propaganda.

Lo cierto es que hay pocas cosas más alejadas de la realidad.

Como decía al comienzo, la única razón por la cual existen países o jurisdicciones que han optado –en el libre ejercicio de su soberanía nacional– por competir fiscalmente con otros Estados, es justamente la existencia de países con impuestos desorbitantes y confiscatorios.

Si los países con altos impuestos ganan finalmente esta cruzada –lo cual seguramente harán si los contribuyentes, a través del voto, no les envían una clara señal en sentido contrario– entonces ya no habrá incentivo alguno para bajar los impuestos a alícuotas más razonables.

Pero eso significará correr el arco.

A partir de ahí, los que sigan siendo los Estados fiscalmente más agresivos, exigirán ser igualados por los que relativamente lo sean menos, por lo que estos últimos serán los que sean descalificados como "permisivos".

Quizás entonces los contribuyentes se den cuenta que quienes perdieron la guerra fueron ellos mismos.

Es fundamental que se entienda que, puestos a elegir entre la competencia y la cartelización fiscales, hay que optar por la primera. Aunque los país centrales se refieran a esta última "homogenización fiscal" para -una vez mas- engañar lingüísticamente al pagador de impuestos.

Todos nos beneficiamos de los "paraísos fiscales".

Lo cierto es que **todos** los contribuyentes nos beneficiamos de la existencia de jurisdicciones de baja o nula tributación; nos demos cuenta de ello o no.

Y lo hacemos de muchas maneras diferentes.

En primer lugar, las jurisdicciones *offshore* contribuyen a que los impuestos bajen; o al menos no sigan aumentando.

Al proveer un refugio seguro para las personas que buscan evitar el pago de alícuotas fiscales confiscatorias, las jurisdicciones de baja o nula tributación mandan un poderoso mensaje a quienes gobiernan Estados de alta tributación: si siguen aumentando los impuestos, van a lograr que empleos se generen en otra parte y las inversiones busquen nuevos horizontes.

En segundo lugar, las jurisdicciones tradicionalmente señaladas como *offshore* no son los únicos lugares que reciben depósitos de no residentes y no cobran impuestos sobre las ganancias que esos depósitos

generan. Si hacer eso es sinónimo de "paraíso fiscal", Estados Unidos sería el más grande del mundo, cuando se lo trata como lo *onshore* por antonomasia. A nadie escapa que el gobierno norteamericano generalmente no cobra impuestos sobre ganancias de interés y capital correspondientes a extranjeros que invierten en dicho país, así como tampoco que Estados Unidos se ha quedado deliberadamente fuera de CRS –el régimen de intercambio de información automático, recíproco y multilateral promovido justamente por OCDE– y que las famosas LLCs se arman en cuestión de horas con escasa información pública sobre quién o quiénes están detrás de ellas.

Finalmente, y aunque parezca mentira, existe una justificación de tipo ética para la defensa de las jurisdicciones de baja o nula tributación.

Es que, desde siempre, las mismas han jugado un rol muy importante a la hora de proteger a las víctimas de persecuciones religiosas, étnicas o políticas. Esto es algo que inclusive organismos internacionales, como las Naciones Unidas, han destacado en más de una oportunidad.

Y esto último nos lleva directamente a otro de enorme importancia institucional, que es el de la posibilidad de la "resistencia civil" frente a los abusos.

Cuando una ley es injusta, la gente tiende a resistirse a cumplirla. Y en muchos casos las sociedades terminan dando la razón a quienes han adoptado estas posturas reactivas aun a riesgo de sufrir consecuencias, tales como multas o prisión.

De esto está hecha la historia constitucional, sin ir más lejos, de los Estados Unidos resistiendo el impuesto al té.

¿Podrían aquellos episodios ser objetados desde el punto de vista moral?

Muchos ciudadanos cercenados en sus derechos o libertades van a otros países para poder desarrollar actividades que han sido arbitrariamente ilegalizadas en sus países.

¿Se les puede reprochar?

No se trata de cuestiones meramente teóricas sino de algo que hemos vivido en la región, por ejemplo, respecto del divorcio vincular, los casamientos en segundas nupcias y –más acá en el tiempo– el consumo de drogas (especialmente, de marihuana).

Lo lógica respecto de la utilización de jurisdicciones *offshore* es, en esencia, la misma: ¿El Estado donde Ud. vive le obliga a ahorrar en una moneda débil, impide que mueva capitales libremente de un país a otro y pretende cobrar impuestos confiscatorios? Hay una forma de evitar esto, que consiste en llevar sus ahorros a una jurisdicción de baja o nula tributación.

Los mal llamados "paraísos fiscales" no son países gobernados por déspotas o dictadores cuyo objetivo es atacar la "base fiscal" existente en los países de alta tributación. Se trata, muy por el contrario, de refugios para la libertad y privacidad de quienes se sienten perseguidos en sus países de residencia. Y es una pena que la privacidad que se pueda lograr sea cada vez menor, simplemente porque la opinión pública se deja convencer por la propaganda fiscalista de los países de alta tributación.

Por lo tanto, a la pregunta sobre los efectos positivos o negativos de los países de baja o nula tributación, habría que responderla con otra: ¿Para quién? Creo que a esta altura ha quedado claro que las jurisdicciones *offshore* tienen efectos positivos para los contribuyentes y negativos para los Estados voraces.

Expuesta la versión oficial, los invito a leer y analizar, en el próximo capítulo, mi visión acerca de qué en realidad son las jurisdicciones *offshore*.

– III –

JURISDICCIONES OFFSHORE 101

¿Qué es una jurisdicción *offshore*?

Veinte años atrás, las jurisdicciones *offshore* (también llamadas "paraísos fiscales" o "centros financieros internacionales") se caracterizaban por lo siguiente:

a. por permitir que las sociedades allí constituidas emitieran acciones al portador, que luego podían transferirse de mano en mano sin que pudiera saberse a ciencia cierta quién era en un momento dado el titular de estas (cabe aclarar que muchas jurisdicciones que no califican como tales también, en su momento, permitieron esto); y

b. por la coexistencia de dos sistemas impositivos diferentes; uno para quienes residieran o trabajaran allí (con tasas impositivas similares a la de los demás países) y otro (con tasa cero o muy bajas) para los no residentes que solo las utilizaran para armar sociedades u otros vehículos.

A mucha gente le sorprendería saber que **ninguna** de estas dos características existe en la actualidad.

A tal punto esto es así que, en mayo de 2009, el Comité de Asuntos Fiscales de la OCDE, el enemigo número uno de las jurisdicciones *offshore*, decidió remover las últimas jurisdicciones que quedaban en el listado de paraísos fiscales que dicha organización venía elaborando desde 1998. Las últimas tres jurisdicciones en salir del mismo, todas europeas ellas, fueron Andorra, Liechtenstein y Mónaco.

Hoy en día, las llamadas jurisdicciones *offshore* son simplemente Estados soberanos (Barbados, Panamá, Irlanda, etc.) o territorios dependientes (Islas Vírgenes Británicas, Islas Caimán, etc.) que promueven –entre otras cosas– la competencia fiscal.

Por ello, muchos países que antes incluían a estas jurisdicciones en listados negros y las castigaban de una u otro manera (con prohibiciones, impuestos más altos, etc.), hoy las incluyen en listados de países cooperantes.

¿En qué consiste la competencia fiscal?

En pocas palabras, la competencia fiscal permite que cada país o jurisdicción fije sus impuestos en forma libre y soberana; sin presiones de otros Estados ni de organismos internacionales permitiendo que el sistema impositivo de un país determinado funcione como un atractivo en sí mismo para las inversiones (independientemente de las demás ventajas que dicho país tenga para ofrecerles).

Así como la competencia en la producción de bienes o la provisión de servicios redunda en beneficios para los consumidores, quienes reciben productos y servicios de mejor calidad a un precio menor; la competencia en materia impositiva beneficia a los contribuyentes, puesto que los impuestos que pagan no podrán nunca superar determinado límite.

¿Esta competencia fiscal promueve o facilita de alguna manera la evasión fiscal?

No, en absoluto.

Existen a nivel mundial dos sistemas impositivos de acuerdo con qué tipo de rentas deben pagar impuestos.

En los países que han adoptado el "Sistema de Renta Territorial", los únicos ingresos que están gravados son los que se generan dentro del propio territorio del país en cuestión. La mayor parte de los países de América Central, por ejemplo, han adoptado este sistema.

En los países que, por el contrario, han adoptado el "Sistema de Renta Mundial", se pagan impuestos por ingresos obtenidos dentro y fuera del país.

En otras palabras, que un residente fiscal en un país que ha adoptado el criterio de renta mundial opere comercialmente a través de una sociedad constituida en el extranjero no le va a permitir a esa persona reducir el impuesto que va a pagar a las autoridades tributarias del país en el cual vive.

¿Una sociedad *offshore* no puede entonces usarse para evadir impuestos?

Más allá de los prejuicios que existen en la materia, quienes establecen un vehículo *offshore* no lo hacen para evadir impuestos o para lograr un mayor grado de opacidad frente a las autoridades del país en el cual residen.

Lo primero no es posible porque estas jurisdicciones no promueven la evasión fiscal (como el imaginario colectivo puede suponer) sino que simplemente ofrecen "plataformas de inversión fiscalmente neutras" (es decir, no agregan impuestos a los que las sociedades deben pagar en los países donde desarrollan sus actividades comerciales). La opacidad tampoco se logra, desde el momento en que todas las jurisdicciones *offshore* líderes han sido las primeras en adoptar el standard de intercambio automático de información financiera promovido por la OCDE.

Esto quiere decir que, si un contribuyente fiscal domiciliado en un país que es parte de CRS (como son Argentina, Brasil, Chile, Colombia o España, por citar algunos ejemplos) invirtiera dinero en un fondo de inversión constituido en las Islas Caimán, las Islas Vírgenes Británicas o Luxemburgo, el propio fondo sería el responsable de informar dicha circunstancia a la autoridad impositiva local encargada de la aplicación de CRS, quien a su vez compartiría los datos en forma automática con las autoridades impositivas del país de residencia del inversor. Lo mismo obviamente aplicaría a la apertura y operación de cuentas bancarias en Suiza, Bahamas y en cualquier otras plaza financieras relevante, salvo los Estados Unidos.

¿Por qué se usan entonces las jurisdicciones *offshore*?

Adicionalmente a la neutralidad fiscal a la que hicimos referencia anteriormente, existen muchas otras razones por las cuales resulta atractivo establecer una sociedad u otro vehículo en una jurisdicción *offshore*.

Entre ellas, podemos destacar que, en comparación con sus pares *onshore*, las jurisdicciones *offshore*:

    a. ofrecen una mayor seguridad jurídica (algo fundamental para personas con domicilio en países que no ofrecen seguridad jurídica, así como para empresas que están interesadas en invertir en dichos países con un cierto grado de previsibilidad);

    b. protegen de una forma más enérgica tanto el derecho a la propiedad privada como el derecho a la privacidad de los individuos;

    c. poseen leyes más severas en materia de *compliance* y *anti-money laundering* (hace décadas que las jurisdicciones *offshore* están a la vanguardia en este tipo de cuestiones);

d. poseen legislación más moderna en temas financieros y de planificación patrimonial;

e. reúnen una gran cantidad de proveedores altamente especializados en estas cuestiones;

f. suelen ser una solución de sentido común en los casos de *joint ventures* internacionales, es decir cuando dos o más inversores de países diferentes quieren co-invertir en un tercer país;

g. cuando quien va a adquirir el bien o realizar la transacción para la que precisa financiamiento, reside en un país donde el sistema jurídico protege al deudor por sobre el acreedor; las instituciones financieras en general prefieren prestar el dinero a una estructura *offshore* donde obtienen garantías. En el caso de empresas, las tasas al tomar deuda internacional son mucho más bajas a aquellas correspondientes a deuda local; y

h. por último, y en parte vinculado al punto anterior, existen ciertos activos respecto de los cuales, adquirirlos a través de un vehículo *offshore* es prácticamente la regla (aviones privados y barcos son dos casos emblemáticos).

¿Por qué se arman fondos de inversión o *trusts* en jurisdicciones *offshore*?

Eliminados los mitos y lugares comunes, es interesante analizar por qué, por ejemplo, un gestor de fondos de inversión domiciliado en América Latina puede pensar en alguna de estas jurisdicciones para estructurarlo.

Y la respuesta es sencilla: los fondos de inversión necesitan captar capital de terceros y el capital es lo más temeroso que existe. El capital siempre busca seguridad jurídica algo que, la mayor parte de los países en América Latina no pueden garantizar.

Otras cosas que buscan los inversores (y que por ende los gestores de fondos deben brindar) son las siguientes:

a. proveedores de renombre y experiencia, esto es, auditores, abogados especializados, administradores, bancos, etc.;

b. regulación moderna y flexible: existencia de tipos societarios que faciliten que un mismo fondo desarrolle diferentes estructuras de inversión sin que los inversores que han invertido en una de esas estructuras tomen riesgos que no están dispuestos a tomar;

c. precios competitivos, ya que todo costo disminuye la tasa de retorno que recibirán;

d. reguladores con conocimiento del mercado; e

e. inexistencia de trabas ridículas (como ser cepos, control de cambios, corralitos financieros, etc.)

Las jurisdicciones *offshore*, que cuentan con una gran cantidad de fondos de inversión que se han constituido allí, permiten llenar cada uno de estos requisitos con creces. Lo mismo sucede con los *trusts*.

En pocas palabras, los gestores de fondos los arman en las Islas Caimán, Luxemburgo o las Islas Vírgenes Británicas porque se trata de lugares que poseen una gran concentración de "*expertise*". Este fenómeno, que ya se había dado en la época dorada de los *hedge funds*, hoy se ve con claridad en materia de establecimiento de fondos de inversión para invertir en criptomonedas, FinTech, DeFi, blockchain, NFTs y también en los casos de estructuración de ICOs, STOs y demás procesos de tokenización.

Salvando las distancias, es por esta misma razón –la concentración de *expertise*– que quienes residen, por ejemplo, en Buenos Aires, compran ropa o cotillón para fiestas en Once, muebles en los locales ubicados a lo largo de la Avenida Belgrano, joyas en la calle Libertad y flores en el Mercado Central. Es también la razón por la cual han surgido los shoppings centers en todo el mundo. El cliente (en este caso quien desea establecer un fondo de inversión o un *trust*) quiere ir a un único lugar donde pueda solucionar todas sus necesidades.

¿Cuáles son las principales críticas que se hacen a las jurisdicciones *offshore* y por qué no son ciertas?

Las críticas que se suelen hacer a las jurisdicciones *offshore* son muy fácilmente rebatibles. Casi que da pena tener que hacerlo.

    a. Pese a que se sostiene casi sin profundizar que las jurisdicciones *offshore* facilitan el financiamiento del terrorismo y el lavado de dinero, la historia muestra que los mayores casos de financiamiento de actividades terroristas (tal cual sucedió por ejemplo con el atentado a las Torres Gemelas) se financian *onshore* y que la mayor estafa de todos los tiempos, perpetrada por Bernie Madoff en 2008, fue planificada y ejecutada en forma integral dentro de los Estados Unidos. Respecto de los hechos de corrupción que tanto daño hacen (Odebrecht, FIFAGate, etc.), las coimas y sobreprecios que se pagaron tampoco fueron canalizados offshore sino de una manera mucho más burda y primitiva. En cuanto al lavado de dinero, las mayores multas que se han impuesto involucran invariablemente bancos y demás empresas ubicadas fuera de paraísos fiscales. Como se dice a veces en materia política, dato mata relato.

b. Otro aspecto muy criticado es que permiten el ocultamiento del "verdadero dueño" de los activos, ya sea a través de acciones al portador, la estructuración de *trusts* o directamente de prestanombres. Si bien, como quedó ya explicado, con los sistemas de intercambio de información financiera que existen en la actualidad esto es virtualmente imposible, este "ocultamiento" no es malo ni ilegal *per se*. Mientras se trate de activos adquiridos en forma lícita y se paguen los impuestos a que hubiera lugar, no hay ninguna razón legal para obligar a una persona a exteriorizar que activos les pertenecen frente a terceros. El derecho a la privacidad, derecho básico de todo ser humano y consagrado en casi todos los textos constitucionales del mundo, protege justamente esto. Las jurisdicciones *offshore* buscan, dentro de lo posible, que haya cierto equilibrio entre privacidad y transparencia. Esto es algo que en la época en que vivimos es cada vez más complicado. Esta paranoia que se ha desatado respecto del supuesto fin de ocultamiento por razones de evasión sirve para entender cómo la voracidad fiscal de los Estados ha distorsionado nuestra visión de los negocios, o al menos la visión de los detractores de las jurisdicciones *offshore*. Recordemos, por ejemplo, que las sociedades anónimas nacieron no como una forma de ocultar al "verdadero dueño" del negocio, sino como una manera de facilitar el traspaso de la titularidad sobre las mismas, en tiempos en los cuales no se necesitaban los niveles de recaudación actuales. Toda esa realidad comercial debió ser eliminada una vez que los Estados necesitaron saberlo todo, no para combatir el terrorismo ni el lavado de dinero, sino para mantener niveles de gasto exorbitantes a los que se han acostumbrado a costa de sus pagadores de impuestos. Y ahora, en lugar de bajar gastos e impuestos, presionan a las jurisdicciones que si fueron eficientes en el manejo de sus recursos, para que estas aumenten sus impuestos y pierdan, de esta manera, una ventaja competitiva "que se ganaron en la cancha".

c. Se ha repetido también hasta el cansancio que los centros *offshore* favorecen la evasión fiscal cuando lo que en realidad sucede es que estas jurisdicciones funcionan como "plataformas neutras" en materia impositiva, es decir que –tal cual explicamos anteriormente– evitan que se dupliquen impuestos por el mero hecho de utilizar una estructura fiduciaria para llevar a cabo una inversión o desarrollar una actividad comercial. Esta neutralidad permite que se tribute donde la ganancia se generó y nada más, porque la jurisdicción *offshore* de que se trate no volverá a cobrar impuestos. Es decir, no se ahorran impuestos en el país donde se hace el negocio, sino en aquél donde está constituido el *holding*, **sin merma recaudatoria alguna en el primero**.

Por otro lado, quizás habría que preguntarse si, siendo las jurisdicciones *offshore* tan nocivas, por qué bancos públicos de algunos países tienen sucursales u oficinas de representación en jurisdicciones que tradicionalmente han sido consideradas *offshore*, como Panamá, Uruguay o las Islas Caimán.

Agrego dos reflexiones antes de pasar a la pregunta central:

a. Las jurisdicciones *offshore* tienen un efecto positivo sobre la economía global. Por más raro que les pueda parecer a primera vista, es así. Si tomamos como ejemplo a las Islas Vírgenes Británicas, dicha jurisdicción sola es responsable – directa o indirectamente – por la creación de 2,2 millones de puestos de trabajo que generan ingresos por US$15 millones a fiscos de terceros países[2].

b. Las jurisdicciones *offshore* se encuentran entre los Estados más eficientemente administrados del mundo. En muchos casos, no poseen moneda propia, impuestos ni Banco Central (lo cual implica que no pueden aumentar impuestos o emitir moneda ante una crisis) y sin embargo se encuentran entre las jurisdicciones menos endeudadas del mundo. Esto es algo que cualquiera de ustedes puede verificar fácilmente a través de una búsqueda de Google. Nuevamente, dato mata relato.

Ahora sí… ¿Hay algo intrínsecamente malo o ilegal en las sociedades *offshore*?

[2] Para más información, ingresar a: www.bviglobalimpact.com

No, no hay nada intrínsecamente malo en las sociedades offshore ni nada que las haga ilegales, sospechosas o que las transforme en vehículos diseñados especialmente para cometer delitos.

Las sociedades *offshore* sirven exactamente para lo mismo que las demás sociedades de cualquier país del mundo: para desarrollar actividades comerciales.

Lo que sí es ilegal es usar sociedades –*offshore* u *onshore*– o cualquier otro vehículo jurídico para cometer delitos.

Entonces, ¿por qué a determinados Estados les molestan tanto las jurisdicciones *offshore*? Simple, por la misma razón que a los malos comerciantes les molesta la competencia. Ahora bien, esto -claro está- no es motivo legítimo ni suficiente para atacarlas y la opinión pública debería estar atenta a estas acciones que son opuestas a sus intereses como consumidores, contribuyentes y/o inversores.

– IV –

HERRAMIENTAS BÁSICAS DE PLANIFICACIÓN PATRIMONIAL INTERNACIONAL

1.   Introducción.

El objetivo de este capítulo es analizar las estructuras más comúnmente empleadas por las familias de alto patrimonio para su planificación patrimonial internacional; así como dejar planteados ciertos problemas que estos grupos familiares necesariamente deberán enfrentar y resolver a la hora de determinar la que mejor se adapte a sus intereses y necesidades, ya sea durante la vida de los titulares de los bienes o a su fallecimiento.

Comencemos por el principio.

La rama del derecho internacional privado que se dedica al estudio de estas estructuras se conoce como *wealth structuring* o planificación patrimonial internacional.

Los objetivos principales del *wealth structuring* son, siempre, dentro de los límites que las leyes del país de residencia de la persona de que se trate lo permitan:

a. asegurar que los bienes van a ser administrados de modo de cumplir con los deseos y objetivos de sus dueños, tanto en vida de estos como luego de su muerte;

b. proteger la privacidad de los propietarios de los bienes en cuestión;

c. reducir el monto de impuestos aplicables al patrimonio tanto en vida del causante como también después de su fallecimiento o –de no ser esto posible– diferir el pago de estos en el tiempo;

d. proteger los activos frente a eventuales reclamos de terceros (dentro de la familia y fuera de ella);

e. evitar la inseguridad jurídica propia del país en el cual los dueños de los bienes residieran (confiscaciones forzosas, filtración de información confidencial, etc.); y

f. disminuir el riesgo de ser víctimas de ciertos delitos (tales como secuestros, extorsión, robos, etc.).

Adicionalmente, las familias que estructuran sus patrimonios buscan:

a. simplificar la administración de su patrimonio;

b. solucionar problemas de liquidez y continuidad de los negocios familiares; y

c. evitar que dicho patrimonio quede expuesto a leyes severas, complejas y en muchos casos contradictorias entre sí. Un clásico ejemplo de esto se da cuando una persona tiene la nacionalidad de un país cuyas leyes determinan que las cuestiones sucesorias se van a regir por las leyes del domicilio, y el país donde reside tiene la regla inversa: que las cuestiones sucesorias se van a regir por nacionalidad y no por domicilio.

Es muy importante dedicar tiempo a entender las necesidades y objetivos de cada familia, porque la importancia que cada una de ellas dé a uno u otro aspecto nos llevará a soluciones diferentes. En la práctica diaria, nosotros invertimos más tiempo en esto que en la elaboración de los documentos legales.

Si bien no todos estos problemas pueden eliminarse, es posible reducir el impacto de uno o varios de ellos.

La legitimidad de estos recaudos están explicados, mejor que en ninguna otra parte, en la doctrina de la Corte Suprema de los Estados Unidos que ha sostenido que *"cualquier persona puede organizar sus asuntos o negocios de tal modo que sus impuestos resulten los más reducidos posible; no está obligado a elegir la fórmula más productiva para el Fisco, ni aun existe el deber patriótico de elevar sus propios impuestos, ya que ese proceder no importa violación de la ley, sino impedir el nacimiento de la pretensión tributaria evitando el hecho imponible*[3]".

Otro ejemplo es el caso de la República Argentina, donde el reconocimiento de la elusión fiscal como actividad lícita es un criterio ya aclarado por doctrina[4] y jurisprudencia: *"el*

---

[3] Ver Soler, Frohlich y Andrade, "Régimen Penal Tributario", ed. LL, p. 161.

[4] Jarach ("La infracción fiscal en el derecho argentino", Derecho Fiscal, t. XVII, p. 353) y Giuliani Fonrouge ("Derecho Financiero", t.

esfuerzo legítimo del contribuyente de mantener sus impuestos tan bajos como es legalmente posible no merece reprobación[5]".

Tradicionalmente, el *wealth structuring* incluía el armado de una o varias sociedades *offshore* (en general –aunque no necesariamente– con acciones al portador). El propietario de las acciones de esta sociedad (y por lo tanto dueño de los bienes subyacentes) podía o no preparar un testamento determinando la suerte de estas a su fallecimiento.

Si se trataba de activos consistentes en cuentas bancarias o de *brokerage*, se solía incluir a herederos como co-titulares, lo cual acarreaba no pocos problemas con ex cónyuges, autoridades impositivas y/o acreedores de los herederos[6].

II, p. 694, Ed. Depalma, 1987).

[5] Fallos 241:210.

[6] Estos tienen desde ya derecho a reclamar parte o todo el dinero depositado en dichas cuentas sin que pueda oponérseles el hecho de que en realidad fueron incluidos como titulares para el caso de que su cónyuge o progenitores fallecieran.

Las tendencias más modernas, en cambio, hacen hincapié en disminuir la cantidad de activos que una persona posee dentro de su patrimonio, mediante la transferencia de dichos bienes a una estructura legal separada del dueño original y administrada en forma independiente. Ello, por cuanto los parámetros principales en los cuales se basan las autoridades fiscales tienen que ver con quién es el dueño legal y quién detenta el control sobre los activos. Obviamente, lo que se entiende por "dueño" y por "controlante" varía de país en país y eso hace que una misma estructura fiduciaria pueda ser perfecta en Argentina y no sirva en Perú, México o España.

Antes de adentrarnos en el estudio de dichas estructuras repasemos los lineamientos básicos de los regímenes sucesorios vigentes en los países de Derecho Civil y las leyes americanas en materia sucesoria e impositiva. Ello, por cuanto muchas de las familias de mayor patrimonio a nivel global poseen inversiones en y/o conexiones familiares con Estados Unidos.

2. Leyes Sucesorias en Países regidos por el Derecho Civil.

Las principales reglas vigentes en los países que han adoptado un sistema de derecho civil son las siguientes:

a. todos los bienes del causante son tratados como una masa única e indivisa que –en el momento mismo de su fallecimiento– pasan a sus herederos y/o legatarios[7]; y
b. la existencia de una herencia forzosa que solo deja al causante libertad para determinar el destino de un porcentaje de su patrimonio y no del total.

Ante la ausencia de una planificación específica, los bienes de una persona pasarán a la siguiente generación "*ab intestato*" ~~(sin testamento); en cuyo caso~~ los herederos deberán hacer

---

[7] Esto es distinto al sistema seguido en los países regidos por el *common law*, en los cuales - si no hay testamento válido – se debe pasar un procedimiento judicial cuyo objetivo es determinar quienes serían los beneficiarios de un "testamento aparente", procedimiento que por otra parte es público y permite incluso el análisis del expediente por parte de representantes de países extranjeros.

frente a ciertos gastos e impuestos que se podrían haber evitado y los activos, antes de ser distribuidos, serán utilizados para cancelar las deudas asumidas por el causante en vida. Como consecuencia de esto, el valor total de la masa sucesoria se verá disminuido.

3. Leyes Impositivas en Estados Unidos.

El 20 de diciembre de 2017, Donald Trump anotó el mayor triunfo legislativo desde su llegada a la Casa Blanca.

Esa noche, como muchos lectores recordarán, el Senado finalmente aprobó la ley denominada *"Tax Cuts and Jobs Act"* (la "Reforma Tributaria"), la cual entró en vigor a los pocos días, el 1 de enero de 2018.

A los fines del presente libro, es importante subrayar las principales modificaciones introducidas por la Reforma Tributaria, sobre todo aquellas que pudieran afectar a "extranjeros no residentes"; es decir, a aquellas personas que no son norteamericanas ni residen en Estados Unidos pero que tienen intereses económicos allí.

Principio General

¿Qué se entiende por "extranjero no residente"? ¿Qué impuestos deben pagar las personas que califiquen como tales? ¿Por qué es importante esta distinción?

Existen dos maneras de "calificar" como "extranjero residente" y estar, por ende, sujeto a **todos** los impuestos que existen en Estados Unidos.

En primer lugar, Estados Unidos considera a un extranjero como residente fiscal norteamericano si posee una *"green card"*, o tarjeta de residencia. En caso de poseerla, no importa la cantidad de días que esa persona pasa en el país.

En segundo lugar, una persona extranjera será considerada residente fiscal americano si cumple con el famoso "test de presencia sustancial".

A los fines de cumplir con este test, la persona de que se trate tendrá que haber estado físicamente presente en los Estados Unidos por lo menos:

a. 31 días durante el año en curso, y

b. 183 días durante un período de 3 años, que incluye el año en curso y los 2 años inmediatamente anteriores.

A su vez, para satisfacer el requisito de los 183 días, se cuentan:

    a. todos los días en los que estuvo presente en el año en curso;

    b. un tercio de los días en los que estuvo presente en el año anterior del año en curso; y

    c. un sexto de los días que estuvo presente en el dos años antes del año respecto del cual se esta realizando el cálculo.

La *"thumb rule"* con relación a este tema es que, si una persona suele pasar 122 días en Estados Unidos cada año, al tercer año de hacerlo va a calificar como residente fiscal estadounidense.

Respecto de la manera en que los días son computados, hay que tener en cuenta que estar un minuto en tránsito en Estados Unidos cuenta como un día a estos efectos. Si, por ejemplo, una persona llega al aeropuerto de Miami un día a las 23:45, y vuela hacia Europa a las 00:15 del día siguiente, habrá estado en los Estados Unidos dos días.

Entonces, si una persona cumple con alguna de las dos condiciones mencionadas más arriba (poseer una *"green card*" o tener presencia substancial en Estados Unidos), dicha persona calificará como residente fiscal estadounidense y deberá pagar impuestos en Estados Unidos por sus ingresos globales, **como cualquier ciudadano norteamericano**.

Caso contrario, dicha persona será un "extranjero no residente" y no deberá pagar impuestos en Estados Unidos.

La distinción entre una y otra categoría es **crucial** porque el principio general en los Estados Unidos es que los extranjeros no residentes, en principio, no están sujetos al pago del impuesto a las ganancias o a la renta.

Principal Excepción

Existen, sin embargo, importantes excepciones al principio general mencionado en la sección anterior. La más relevante de ellas se relaciona con el famoso "*Estate Tax*", o impuesto sucesorio.

El impuesto sucesorio es el que más comúnmente despierta en los clientes la necesidad de "estructurar" su patrimonio de forma eficiente cuando deciden invertir en Estados Unidos. Se trata de un impuesto muy oneroso que, en ocasiones, puede implicar que los herederos deban desprenderse de activos a fin de poder pagarlo.

El impuesto sucesorio aplica, por ejemplo, sobre acciones de corporaciones norteamericanas; oro, arte y dinero en efectivo mantenido en suelo americano; dinero en cuentas de *brokerage*, etc. No aplica a bonos del tesoro, acciones de sociedades extranjeras, etc.

Una de las modificaciones más relevantes incluidas en la Reforma Impositiva de Trump se refiere justamente a este impuesto.

Veremos más adelante qué es lo que se modificó exactamente.

Modificaciones introducidas por la Reforma Tributaria

En el caso de extranjeros que califiquen como residentes fiscales americanos, evidentemente los mismos se verán afectados por la totalidad de las modificaciones incluidas por la Reforma Tributaria.

Esto quiere decir, por ejemplo, que se beneficiarían de la reducción de los impuestos a las personas físicas (cuya tasa máxima era antes de la reforma 39,6% y ahora es 37%), del aumento del "mínimo no imponible" en materia de impuesto sucesorio (que pasó de US$5.49 millones a US$11.18 millones), así como de la baja del impuesto corporativo del 35% al 21%.

En el caso de "extranjeros no residentes", desafortunadamente los cambios no han sido significativos. Donde podría haber habido un beneficio, que fue en el aumento del mínimo sobre el cual se aplica el impuesto sucesorio, no lo hubo. Ello, por cuanto las secciones del Código Fiscal modificadas han sido la 2001 y la 2010, que aplican exclusivamente a ciudadanos estadounidenses y a residentes fiscales. Las Secciones 2101-2108 no sufrieron enmienda alguna, y por ende el mínimo no imponible se mantuvo en la irrisoria suma de US$60.000.

Lo anterior implica que quienes decidan invertir en Estados Unidos y no califiquen como "residentes", deben estructurar adecuadamente su inversión para evitar tener que pagar luego este impuesto.

Para finalizar, un tema más que se relaciona con el impuesto sucesorio. La Reforma Tributaria no introdujo cambios a la regla de *"step-up"*. Esto significa que los activos que se incluyen en el acervo sucesorio de una persona van a ser "adquiridos" por sus herederos como sucedía antes de la reforma, inclusive si no se aplica impuesto alguno a los mismos por estar debajo de los ya mencionados límites. Así las cosas, no se pagan impuestos por las ganancias producidas como consecuencia del aumento de valor de los activos a transferir durante el período previo al fallecimiento del dueño original de los mismos y que, quien recibe el bien de que se trate, lo recibe al valor de mercado que tenía en dicho momento. Esto es muy importante cuando se heredan activos adquiridos mucho tiempo atrás y que han subido considerablemente de valor (como es el caso de las propiedades).

4. Tendencias. Estructuras más comúnmente utilizadas.

Una estructura no es mejor que otra en términos absolutos. La situación personal del causante, su domicilio, el lugar en el cual se ubican los bienes y la naturaleza jurídica de los mismos van a inclinar la balanza en uno u otro sentido.

Ya hemos dicho esto un par de veces, pero es un concepto en el cual vale la pena insistir. No son pocas las veces en que al estudio llegan clientes potenciales que nos piden la misma estructura que tiene algún familiar o amigo suyo, cuando no necesariamente resultaría lo más conveniente para ellos.

Adicionalmente, es necesario tener en cuenta que ciertas jurisdicciones –no solo *offshore* sino también *onshore*– no son bien vistas desde la perspectiva de las leyes contra el delito de lavado de dinero o financiamiento del terrorismo y que ciertas estructuras tampoco son bien recibidas, no solo por los *compliance officers* de los bancos con los que se desea operar, sino también por los reguladores de ciertos países por acarrear demasiada complejidad, utilización de múltiples jurisdicciones o por no ser clara la racionalidad detrás de la creación de las mismas. Ello podría obviamente influir en el logro de los fines prácticos perseguidos con la estructura de que se trate.

A continuación, resumiré las principales herramientas que uno tiene a mano al momento de estructurar un patrimonio. En los capítulos que siguen analizaremos la mayor parte de ellas con más detenimiento y profundidad.

4.1. Testamentos

El testamento es un documento, que en general debe otorgarse por escrito, mediante el cual el causante determina antes de morir cómo habrán de distribuirse sus bienes tras su fallecimiento.

Las normas de cada país difieren en cuanto a las formalidades que deben reunir, si se acepta o no el testamento ológrafo (es decir aquel que escribe el testador de puño y letra), si debe ser inscripto en un registro público, etc.

Los principales problemas que pueden acarrear los testamentos son los siguientes:

a. puede darse el caso en que el causante no pueda –por restricciones legales– designar como beneficiarios a las personas a quienes quiera transferir sus bienes;
b. no siempre es sencillo cumplir con los requisitos de fondo y de forma del lugar de su otorgamiento y de los lugares en los cuales se encuentran situados los bienes (leyes que, en algún caso, pueden ser contradictorias entre sí);

c. debe sustanciarse un proceso judicial tendiente a determinar la validez del testamento[8] y a ejecutarlo (lo cual genera demoras, costos y afecta la privacidad de causante y herederos);

d. tanto la validez formal como la de fondo, así como también la capacidad del testador se rigen –en la mayor parte de los países de Derecho Civil– por la ley del último domicilio del causante, lo cual en algunos casos puede resultar complejo de determinar y puede ser objeto de litigio. Ello, por cuanto la definición legal de domicilio suele incluir un elemento fáctico, pero también uno subjetivo. Estos son el lugar donde resida el causante en tanto tenga vocación de permanecer en dicho lugar; y

e. pueden existir conflictos de leyes entre el país en el cual haya nacido el causante y el país donde resida. Esto se da, por ejemplo, cuando en el primer país el testamento es regido por la ley del último domicilio, en tanto que, en el segundo, las leyes determinan que

---

[8] Ello con toda la publicidad y las demoras que estos procesos conllevan.

se apliquen las normas del país del cual el causante es nacional.

En definitiva, si bien el testamento es una solución sencilla y económica, no siempre se obtienen los resultados que los clientes buscan al escribirlo.

¿Cuándo puede resultar útil un testamento?

Básicamente, cuando:

- no existen dudas acerca del domicilio del dueño de los bienes;
- la mayor parte de estos se encuentran en el país en el cual reside; y
- no hay un interés de proteger el patrimonio en vida, sino simplemente dividirlo de manera sencilla al fallecimiento.

En cualquier otro caso, el testamento debería complementarse con alguna otra estructura legal/fiduciaria.

4.2. Sociedades. Fondos de Inversión.

Las sociedades extranjeras comenzaron a utilizarse en tiempos en los cuales existían acciones al portador y la mayor parte de los países cobraban impuestos solo por ganancias de fuente local.

Las principales motivaciones no eran de tipo sucesorias, sino que tenían que ver con la privacidad del dueño de los bienes y con la eficiencia impositiva.

Aún cuando estas ventajas prácticamente no existen hoy en día, hay un mayor nivel de privacidad y protección patrimonial cuando los activos están a nombre de una entidad que cuando están a nombre personal y también hay ventajas impositivas en algunas situaciones puntuales.

Entre ellas, tres importantes: (a) en general, cuando los activos están en Estados Unidos, con una sociedad se evita el impuesto a la herencia, (b) en aquellos países que no han incorporado las llamadas *"Controlled Foreign Companies Rules"* ("CFC Rules"), las sociedades sirven para diferir el impuesto a las ganancias y (c) aún hay países que siguen sin cobrar impuestos sobre ganancias obtenidas en el extranjero (la mayor parte de los países de América Central, como habíamos mencionado anteriormente, se incluyen en este grupo).

Más allá de estas ventajas, no hay que olvidar que los accionistas originales en algún momento van a fallecer y que habrá que prever que va a pasar con las acciones de la sociedad en ese momento.

Volveremos sobre este tema en el capítulo correspondiente.

En las familias de mayores recursos, el uso de sociedades como vehículos *holding* ha sido reemplazada por la utilización de fondos de inversión.

Los fondos, tienen potencialmente tres ventajas sobre las sociedades: (a) en general, permiten el diferimiento impositivo, (b) las ganancias obtenidas por los inversores suelen pagar menores impuestos (se utiliza la tasa correspondiente a *"capital gains"* en lugar de aquella correspondiente al *"income tax"*) y (c) si las acciones del fondo en cuestión cotizan públicamente, se puede evitar el reporte de quienes poseen dichas acciones bajo CRS.

Hasta aquí, hemos analizado opciones que no implican la transferencia de los activos de la familia a una estructura independiente. Es decir, en todo momento la familia es dueña de los bienes y no ha cedido el control de estos.

Sin embargo, como ya se mencionó, las tendencias modernas apuntan justamente a ese desapoderamiento. El ejemplo más claro de desapoderamiento lo constituye sin dudas el *trust*.

4.3. *Trusts* y Fundaciones

El concepto de *trust* puede definirse como una obligación legal del *trustee* (o fiduciario) de poseer y administrar un conjunto de bienes buscando lo mejor para los beneficiarios.

En este caso hay una cesión del dominio o propiedad de estos a un tercero que en principio el *settlor* (quien crea el *trust*) no controla.

Las principales ventajas que tiene un *trust* frente a un testamento son las siguientes:

a. permite coordinar los planes sucesorios;

b. provee continuidad a lo largo de la vida del causante y tras su muerte[9];

c. en principio, no debe ser modificado cuando una persona se muda de país o Estado;

d. en general es más difícil de atacar por parte de herederos[10]; y

e. elimina el problema que se presenta cuando aparecen bienes que el causante olvidó incluir en su testamento.

Existen muchas jurisdicciones, no necesariamente *offshore*, que presentan atractivos en cuanto a su legislación. A modo de ejemplos, podemos mencionar en el caso del *trust* transnacional canadiense o el previsto en las leyes de los Estados de Delaware, South Dakota o Wyoming[11]. También

---

[9] Permiten – por ejemplo – determinar cómo se van a pagar cuentas del causante, gastos administrativos, etc. sin que sea necesaria la aprobación judicial.

[10] Esto se debe principalmente a la menor formalidad existente para su constitución y a la inexistencia de un proceso judicial de "legalización" de los mismos.

son populares los *trusts* establecidos en Nueva Zelanda, Inglaterra & Gales y en varias jurisdicciones del Caribe, especialmente en las Islas Caimán y las Islas Vírgenes Británicas cuya reforma reciente (aprobada en 2021) la trasformó en la jurisdicción con la ley de *trust* más moderna del mundo

Si los activos de una persona incluyen una empresa familiar que se desea mantener en la familia, por ejemplo, entonces un VISTA[12] *trust* en BVI puede ser la solución ideal; esto por cuanto –a grandes rasgos– las leyes que regulan este tipo especial de *trust* permiten alcanzar un adecuado balance entre los intereses de control por parte de las familias y los intereses de indemnidad por parte de los *trustees*.

---

[11] En general este *trust* se utiliza como una herramienta de planificación pre-inmigratoria por familias que estudian la posibilidad de instalarse en los Estados Unidos.

[12] La "Virgin Islands Special Trusts Act" fue redactada en 2003 y entró en vigor en 2004.

Si el *settlor* quisiera asegurarse un mayor control aún, las legislaciones de varios centros financieros *offshore* y también las de varios Estados de los Estados Unidos, permiten el establecimiento de una compañía con el solo propósito de ejercer las funciones de *trustee* sin necesidad de obtener licencia alguna[13] o con mínimos requisitos para obtenerla. Esta herramienta –conocida como "*Private Trust Company*"– es muy utilizada por familias con alto patrimonio para consolidar su control sobre los activos y garantizar la sucesión de estos en todo el mundo[14]. La principal desventaja de esta estructura tiene que ver con implicancias fiscales negativas, ya que el fisco del país de que se trate puede interpretar que no ha habido transferencia de activos a un tercero y que por lo tanto los bienes siguen perteneciendo a sus propietarios originales.

Otra alternativa que tiene el *settlor* a fin de ejercer mayor control es designar un *protector*, que en general una persona

---

[13] Obligación contemplada en la "Banks and Trusts Companies Act", del año 1990.

[14] Private Trusts Companies (PTC) Regulations, 2007.

de su extrema confianza. El poder de los *protectors* es independiente del de los *trustees,* y sus derechos y deberes son claramente establecidos en el instrumento constitutivo para alcanzar los propósitos y objetivos del *trust.*

Casi toda la jurisprudencia de las jurisdicciones *offshore* coincide en manifestar que el *protector* posee un poder de naturaleza fiduciaria y que debe velar por los intereses de los beneficiarios (lo que en la práctica no es otra cosa que la voluntad del *settlor*[15]*).*

Básicamente, el protector puede ejercer tres diferentes roles en un *trust*:

a. el de consejero independiente o facilitador-coordinador-mediador;
b. el de "*enforcer*" (vela por el cumplimiento de la voluntad del settlor); y/o

---

[15] Para mencionar solo un par de ejemplos podemos citar "Jurgen van Knierem v Bermuda Trust Company. Limited and Grosvernor Trust Company Limited [Supreme Court of Bermuda 1 BOCM 116 1994]" y "Armitage v Nurse (1997) 2 AII ER 705".

c. el de curador de ciertos bienes del *trust*.

Generalmente, el primer *protector* es designado por el *settlor*, no obstante, lo cual es altamente recomendable incluir reglas de sucesión en el instrumento constitutivo del *trust* para evitar inconvenientes a futuro[16].

Es importante aclarar, sin embargo, que, si el *protector* de un *trust* posee más poder que el propio *trustee*, entonces es posible que se vea afectada la validez de la estructura o que se interprete que el *protector* es en realidad quien está actuando como *trustee* (o eventualmente como *co-trustee*).

Desde la óptica de las familias que residen en jurisdicciones no anglosajonas, el otro punto fundamental (además del control sobre su patrimonio luego de declarado el *trust*) es el reconocimiento legal que tienen estas instituciones de derecho anglosajón (*offshore* o no) en sus respectivos países, así como las reglas de interpretación de estos.

---

[16] Ver el caso "Rawcliffe v Steele" [1993-1995] MLR 102 (Isle of Man) o el caso "The Circle Trust: HSBC International Trustee Limited v Wong and Others".

Si bien profundizaremos sobre estas cuestiones en el capítulo correspondiente, por el momento quédense con la idea de que prácticamente todos los países de America Latina, y también España, reconocen el *trust*. Ello más allá de lo que algún abogado local que no tenga *expertise* en estos temas les pueda decir.

Por el momento, cabe agregar que muchas veces facilita el reconocimiento del *trust* la inclusión de un vehículo corporativo intermedio entre los activos del *settlor* y el *trustee*. En esta hipótesis, por ejemplo, las cuentas bancarias, inmuebles y demás bienes del *settlor* se transferirían a un fondo de inversión y las acciones de este fondo de inversión se colocarían en un *trust*.

Con relación a las fundaciones, la jurisdicción por excelencia a nivel mundial es Liechtenstein[17], aunque para clientes en

---

[17] La figura de la fundación de interés público fue creada en el Imperio Romano. No se registraron grandes avances en esa área hasta que Liechtenstein introdujo las figuras de la *"Family Foundation"* y la *"Mixed Foundation"* en 1926. En 1995 Panamá

América Latina, es mucho más habitual el uso de Panamá o eventualmente Curacao o las Islas Caimán.

En el caso de Panamá, esta estructura está disponible en dicho país desde 1995, cuando se aprobó la Ley de Fundaciones de Interés Privado (Ley No. 25 del 12 de junio de 1995).

Bajo las leyes panameñas, una Fundación de Interés Privado es una entidad legal con su nombre propio, patrimonio separado del fundador y órganos de gobierno autónomos. Se trata de una figura en cierta forma híbrida, que combina elementos societarios con otros de índole fiduciaria. Puede ser establecida por una o más personas naturales o jurídicas por su cuenta o actuando a través de un tercero.

---

introjuo la figura de la *"Private Foundation"*, un poco más flexible que las anteriores. Si bien se trata de una figura de derecho civil, algunas jurisdicciones *offshore* basadas en el *common law* la han adoptado recientemente (son los casos de St. Kitts en 2003 y Bahamas en 2004).

Las ventajas de esta estructura a los fines de planificación patrimonial son en esencia las siguientes:

a. proporciona una estructura fiduciaria que facilita la disposición ordenada de los activos a los beneficiarios luego del fallecimiento del fundador, permitiendo que aquel mantenga el control de los activos de una manera vitalicia;
b. puede establecerse como efectiva desde la fecha de su constitución o luego del fallecimiento del fundador;
c. las leyes de herencia aplicables en el domicilio del fundador o de los beneficiarios no tienen efecto sobre los activos de la fundación, ni tampoco estas leyes afectan la validez o ejecución de los objetivos de la fundación;
d. los activos de la fundación se tornan legalmente independientes y no forman parte del patrimonio privado del fundador; y por ende no pueden ser embargados salvo por deudas contraídas por la fundación; y
e. se encuentran exentas del pago de impuestos.

Los principales problemas que existen con relación a este tipo de institución son los siguientes:

a. cambiar la ley aplicable a una fundación es más complejo, costoso y lento que hacerlo con relación a un *trust*[18];
b. se trata de una figura menos flexible que el *trust*;
c. al menos en teoría, una fundación no podría desarrollar actividades mercantiles en forma habitual; lo cual genera un problema si parte de los bienes del causante es una empresa familiar[19]; y
d. paradójicamente, en América Latina existe más jurisprudencia, y por tanto mayor seguridad jurídica, respecto del *trust* que respecto de las fundaciones.

[18] Ello por cuanto hay que llevar a cabo una verdadera *redomiciliation* similar a lo que sucede con relación a una sociedad que desea cambiar de jurisdicción.

[19] Ello por cuanto las fundaciones privadas, de acuerdo con el Artículo 3 de la Ley No. 25, no deben ser lucrativas. Los resultados de sus actividades deben en todo momento ser utilizados exclusivamente para los objetivos de la fundación.

4.4. Seguros

Esencialmente, el contrato de seguro es un acuerdo bilateral según el cual el asegurador debe pagar al asegurado una suma de dinero en el caso de que un suceso desfavorable para dicho asegurado se verifique.

Dentro del campo de la planificación patrimonial internacional, el empleo de seguros muchas veces permite evitar o postergar el pago de impuestos; además de constituir una herramienta muy útil para proteger activos o asegurar la confidencialidad.

Los seguros que se suelen utilizar en la planificación patrimonial y sucesoria son los llamados *"foreign variable insurance contracts"* que se denominan así por las siguientes razones:

a. *"foreign"* porque la compañía aseguradora está basada en una jurisdicción distinta (y en general *offshore*) de aquella en la cual reside el tomador de la póliza[20].

---

[20] Este solo hecho implica que en ciertos países –como la

b. *"variable"* porque el monto del beneficio dependerá del resultado de las inversiones que se realicen con los activos transferidos a la póliza (por oposición a una suma fija); y

c. el término *"insurance"* incluye tanto a la figura del seguro de vida como la del *annuity* (o renta vitalicia), que tienden a cubrir dos riesgos vinculados a la vida de una persona, pero opuestos entre sí (por un lado, el riesgo de no vivir lo suficiente, por el otro, el riesgo de vivir demasiado).

A fin de que el contrato en cuestión sea considerado un seguro, es fundamental que parte del precio a ser pagado por el asegurado sea lo que se denomina un *"mortality charge"*.

Si bien volveremos sobre esta figura más adelante, digamos –por el momento– que las ventajas que ofrece este tipo de esquema frente al simple *trust* (figura con la cual puede perfectamente combinarse) es que el reconocimiento a nivel global de la figura del seguro es mucho más grande que la aceptación de la del *trust,* además de tener menores riesgos impositivos

Argentina– esta estructura no sea *compliant* con las leyes locales.

Los principales problemas de este tipo de estructuras son la alta complejidad (no todos los clientes las entienden), el costo y el hecho de que hoy en día comienza a ser vista con algo de desconfianza por las autoridades de los Estados Unidos, entre otras.

Otro inconveniente es la imposibilidad legal, en algunos países de América Latina, de contratar seguros en el exterior para el caso de bienes localizados en el país de residencia del asegurado (limitación que incluye el seguro de vida de residentes en algunos países) o la necesidad de salir del país para hacerlo.

– V –

OPCIONES: ¿CUÁL ES LA MEJOR?

Partiendo de lo que se explicó en el capítulo anterior, ¿qué opciones existen hoy en día para estructurar el patrimonio personal/familiar de los clientes de modo tal que puedan dormir tranquilos, logrando –al mismo tiempo– el mayor nivel de privacidad y el menor nivel de impuestos que legalmente se pueda alcanzar? ¿De entre ellas, cuál es la mejor?

A fin de ir respondiendo dichos interrogantes, la primera gran pregunta que debemos plantearnos es cuáles activos conviene que permanezcan dentro del patrimonio de los clientes y cuáles no.

Respecto de aquellos bienes que –luego de la estructuración patrimonial– queden en el patrimonio del cliente, el cliente deberá asegurarse que los mismos sean correctamente reportados a la autoridad fiscal del país de que se trate y que se paguen los impuestos correspondientes.

Si el cliente quiere evitar pagar los impuestos que corresponden por esos activos, las opciones son excluirlos del patrimonio o fijar su residencia fiscal real en un país donde se sienta cómodo respecto del nivel de impuestos a pagar.

La alternativa de excluir ciertos bienes del patrimonio es más atractiva cuando se trata de aquellos bienes que generan ingresos y que, por ende, generan la obligación de pagar impuesto sobre las rentas obtenidas.

¿De qué manera puede una persona dejar de poseer (o controlar) bienes que generen ganancias?

Los caminos son varios, pero algunos son obviamente más recomendables que otros:

1. **Trusts**.

 Donar/aportar los bienes a un trust irrevocable y discrecional (en aquellos países donde la figura ha sido aceptada).

2. **Seguros**.

 Utilizar los activos como pago de la prima correspondiente a una póliza de seguro de un *Variable Life Insurance Policy* (en aquellos países donde no está prohibida la contratación de un seguro en el exterior).

3. **Activos fijos.**

   Invertir en activos ilíquidos/fijos que no generen ingresos y, por ende, impuestos.

4. **Fondos de Inversión.**

   Invertir en un fondo de inversión respecto del cual no se tenga el control.

5. **Listar en Bolsa.**

   Listar el vehículo de inversión elegido en una bolsa de comercio.

También se puede invertir en países excluidos del sistema financiero internacional que no estén adheridos al intercambio de información global (Corea del Norte, Venezuela, Cuba, Sudán, etc.), claro que obviamente esto nos enfrenta a otros tipos de riesgos, seguramente mucho mayores a los que se pretende evitar.

Si bien, como consecuencia de las presiones de los países industrializados representados por el G-20 y la OCDE, se han reducido en forma sustancial las opciones que una familia posee a la hora de estructurar jurídicamente su patrimonio, aún existen varias estructuras que pueden utilizarse.

Cualquiera sea el camino elegido, la estructura que decida armarse va a tener cierto grado de transparencia –sobre todo los activos financieros– y debe a su vez poseer substancia. En otras palabras, las sociedades (o en general) estructuras "de papel", donde no existe nada más que documentos, ya no son aceptadas en ningún lado.

Cuanto menor sea el control que se tenga sobre los bienes, mayor será la posibilidad de que la estructura que se creó sea aceptada por las autoridades fiscales relevantes y que se acepte que tales bienes ya no forman parte del acervo del interesado.

Las soluciones ideales no existen, o no existen más, y la mejor solución dependerá del tipo de activo, la residencia fiscal del cliente y sus objetivos y necesidades.

Lo que sabemos es que la posibilidad de poseer activos financieros no declarados en países que están integrados al sistema financiero global ya no es una opción, no solamente desde el punto de vista jurídico o ético, sino desde un punto de vista pragmático.

– VI –

¿CUÁNDO ES CONVENIENTE ESTRUCTURAR UN PATRIMONIO?

Hasta aquí, nos hemos referido tanto a los riesgos que las familias buscan mitigar a la hora de estructurar sus patrimonios como a las herramientas de planificación patrimonial que tienen a disposición, pero no hemos escrito acerca de en qué circunstancias resulta fundamental hacerlo.

En otras palabras, hemos abordado el "qué" y el "cómo", e inclusive el "para qué", pero hasta el momento no hemos hablado de manera concreta acerca del "cuándo".

Dado que muchas veces la gente tiene una idea errónea acerca de esto, me pareció oportuno dejar algunas cosas claras.

Comencemos por recordar que es la planificación patrimonial, de manera de que estemos todos en la misma página.

En pocas palabras, la planificación patrimonial consiste en determinar con qué vehículo o estructura jurídica una persona o familia va a poseer los bienes que conforman su patrimonio con el fin de: (a) reducir una serie de riesgos que afectan a todos los patrimonios y (b) transferirlos de manera eficiente a la próxima generación.

Respecto de los "riesgos" a los que hicimos mención en la definición de planificación patrimonial, se destacan los siguientes:

- inflación,
- devaluación,
- confiscación,
- voracidad fiscal,
- doble tributación,
- problemas sucesorios,
- juicios y ataques por parte de terceros,
- filtración de información,
- intercambio de información,
- inestabilidad política, e
- inseguridad jurídica.

Dependiendo del tipo de activo de que se trate y, fundamentalmente, del país de residencia del propietario de este, algunos de estos riesgos tendrán mayor relevancia que otros.

Hasta aquí, un repaso respecto del "qué" y del "para qué". Pasemos brevemente al "cómo".

Herramientas de planificación patrimonial

La planificación patrimonial se puede realizar a través de la compra de cierto tipo de activos o a través de creación de estructuras jurídicas. Lo segundo suele ser más eficiente, pero -si bien no es un ejercicio tan caro como mucha gente erróneamente presupone- es cierto que no está al alcance de absolutamente todos.

Si el objetivo de la persona (o familia) de que se trate fuera exclusivamente de tipo impositivo, la planificación patrimonial podría basarse en la adquisición de activos financieros exentos de impuestos, una posibilidad que existe en prácticamente todas las jurisdicciones.

Si, en cambio, buscara un mayor grado de privacidad, podría invertir en activos no financieros y por ende no sujetos al intercambio de información entre países (nuevamente, inmuebles, joyas, autos de colección, obras de arte y/o criptomonedas).

Sin perjuicio de lo anterior, cuando el principal objetivo pasa por buscar una mayor seguridad jurídica o se quieren resolver cuestiones sucesorias o de protección de activos frente a terceros, entonces la planificación debe necesariamente consistir en el armado de una o más estructuras jurídicas. En este escenario, la clave pasa por elegir estructuras, jurisdicciones y proveedores sólidos.

Las herramientas legales existentes en materia de planificación patrimonial van -como ya hemos explicado- desde la mera confección de un testamento hasta la mudanza internacional, pasando por la creación de sociedades, *trusts*, fundaciones (en ambos casos, revocables o irrevocables) y fondos de inversión familiares y/o la contratación de distintas clases de seguros de vida.

Algunas de estas herramientas van a permitir una sucesión más ordenada, en tanto que otras van a ir más allá, otorgando claras ventajas impositivas a quienes las utilicen. Tales son los casos del *trust* irrevocable y discrecional que, en la inmensa mayoría de los países de la región permite diferir el impuesto a la renta y evitar el impuesto a la riqueza (en los pocos países en los cuales dicho impuesto existe), y también de los fondos de inversión familiares que, por lo general, permiten también diferir el impuesto a las ganancias y eventualmente pagar una alícuota menor a la hora de rescatar fondos.

Lo importante, a la hora de determinar cuál es la mejor estructura patrimonial para un cliente en particular, es conocer sus objetivos y necesidades, analizar los riesgos a los que se enfrenta y estudiar en profundidad la legislación de su país de residencia fiscal.

Como siempre decimos, en materia de planificación patrimonial internacional las soluciones deben adaptarse a los clientes y no viceversa.

Por otro lado, se trata de un campo muy dinámico en el cual hay que estar muy actualizado. Soluciones que eran eficientes hasta ayer pueden no serlo más hoy.

Cuándo es conveniente o necesario planificar un patrimonio

Pasemos, ahora sí, al tema principal que hemos decidido abordar en este capítulo: en qué circunstancias está indicada la planificación patrimonial.

Por lo general, los clientes plantean esta cuestión consultando por el tamaño del patrimonio que justifica comenzar a pensar en estas cosas.

No es una mala pregunta, pero no logra captar las enormes bondades de una correcta planificación patrimonial, ya que apunta a un análisis costo/beneficio que solo incluye la cuestión tributaria.

Frente a dicha consulta, las opciones son dos: (a) calcular los impuestos a los cuales está sujeto el patrimonio en cuestión (impuesto a las ganancias, impuesto al patrimonio, impuesto a la herencia, entre otros) y luego mostrar al cliente que un trust (o la estructura que sea) es más barato que lo que deberá pagar en impuestos; o (b) ilustrar al cliente acerca de las ventajas que conlleva planificar eficientemente un patrimonio más allá de los eventuales ahorros fiscales. Ahorros, que, por otra parte, en nuestra visión van a ser cada vez menores.

Obviamente, prefiero el segundo enfoque.

No para evitar la primera pregunta, la cual de cualquier manera suelo responder, sino porque hay muchas situaciones que justifican sobremanera la planificación patrimonial sin siquiera entrar a analizar si hay, o no, un ahorro en lo económico.

Las siguientes situaciones, por ejemplo, además de la existencia de impuestos altos que pueden ser evitados, suelen por sí solas justificar la planificación patrimonial:

- cuando existen activos en múltiples jurisdicciones sujetos a diferentes regímenes jurídicos que muchas veces pueden ser contradictorios entre sí;
- cuando no está claro el domicilio del dueño de los activos;
- cuando el activo principal, o uno de los principales, es una empresa familiar;
- cuando existen diferencias importantes entre herederos (edad, residencia fiscal, situación económica, relación personal con el causante, etc.);
- cuando existen peleas (actuales o potenciales) en la familia;
- cuando algún heredero sea incapaz o tenga algún otro tipo de problema (problemas con el fisco, inhibiciones, deudas, caso de prodigalidad, etc.);
- cuando exista una preferencia por dejar determinados bienes a ciertas personas;
- cuando haya problemas de liquidez (ya sea por la composición del patrimonio en cuestión o por impuesto a la herencia a pagar);
- cuando existen potenciales conflictos con terceros (acreedores, socios, etc.); y/o

- cuando los riesgos que se quieren mitigar tienen que ver con la falta de seguridad jurídica del país de residencia del causante o con la falta de privacidad que caracteriza al mundo actual.

Si no existe ninguna de estas situaciones, o alguna otra que sea necesario analizar, entonces volvemos a la cuestión fiscal. A modo de ejemplo, si una familia tuviera activos sujetos al impuesto a la herencia en los Estados Unidos (por ejemplo, acciones de compañías públicas americanas o dinero en efectivo en cuentas de corretaje) por un monto mayor a US$300,000, el costo de una sociedad extranjera que evitaría la aplicación de tal impuesto se pagaría solo dado que -en ese caso- la familia del ejemplo estaría expuesta a un impuesto a la herencia del 40% sobre US$240,000 (el mínimo no imponible para extranjeros es de US$60,000) y la administración de una sociedad extranjera cuesta, aproximadamente US$1,500 por año.

Del mismo modo, si, por ejemplo, una familia con residencia fiscal argentina tuviera un patrimonio exteriorizado en el exterior de US$1,000,000 debería pagar impuesto a los bienes personales por US$22,500 cada año, lo cual supera ampliamente lo que cobra un *trustee* por la administración de un trust de ese valor.

Como se ve, no estamos hablando de patrimonios de varios millones de dólares ni mucho menos, con lo cual -aún cuando el tema del ahorro fiscal suela ser lo que inicialmente más llama la atención de los clientes- las demás cuestiones que planteamos en este artículo son mucho más relevantes que ese a la hora de decidir si una persona debe, o no, estructurar su patrimonio.

Dicho de otro modo, si bien la planificación tributaria ha sido por décadas la frutilla del pastel de la planificación patrimonial y es además el único objetivo que puede cuantificarse de manera sencilla, desde hace ya mucho tiempo ha dejado de ser el factor más relevante a la hora de decidir cómo estructurar un patrimonio.

– VII –

EL ROL DE LAS SOCIEDADES EXTRANJERAS EN LA PLANIFICACIÓN PATRIMONIAL INTERNACIONAL

El uso de sociedades extranjeras en el contexto de la Planificación Patrimonial

Poseer bienes a través de sociedades constituidas en jurisdicciones diferentes a aquella en la cual el dueño de estos tiene su residencia fiscal ha sido una práctica común desde los años ochenta, e inclusive desde antes también.

La rapidez con que se forman este tipo de sociedades, los bajos costos asociados a la incorporación y administración de estas y el hecho de permitir –en general- un mayor control al dueño de los activos en comparación con otras estructuras o herramientas, han convertido a esta alternativa en la más habitual.

Entre las ventajas asociadas a la utilización de este tipo de sociedades podemos destacar que se trata de una opción que asegura cierta protección frente a terceros (acreedores, ex-cónyuges, etc.), así como un grado mayor de seguridad jurídica cuando los accionistas residen en un país que no la posee. Asimismo, en aquellos países que todavía permiten el diferimiento de impuestos a través de sociedades extranjeras, habría una importante ventaja fiscal adicional.

Obviamente, en tiempos en los cuales existían las acciones al portador y no había intercambio automático de información financiera, la protección, tanto en materia de privacidad como de protección patrimonial propiamente dicha, era prácticamente total.

El punto flojo fue siempre la cuestión sucesoria que, como ya se explicó, es otro de los objetivos que tienen las familias a la hora de planificar su patrimonio.

Otra desventaja que puede encontrarse en esta solución es el tratamiento impositivo que reciben este tipo de vehículos ya que, a diferencia de lo que sucede con algunas de las herramientas analizados en otros capítulos, la constitución de una sociedad extranjera no implica la salida de los activos que se transfieren a ella del patrimonio del cliente y, por ende, el mismo seguirá pagando impuestos a la riqueza, patrimonio o bienes personales y, en los países que cuentan con las ya mencionadas reglas contra las *"controlled foreign companies*", el accionista no va a poder diferir el pago del impuesto a las ganancias manteniendo las mismas dentro de la sociedad.

De cualquier manera, en mi experiencia, los principales objetivos que persiguen las familias latinoamericanas al estructurarse se vinculan cada vez más con la privacidad, temas sucesorios y seguridad jurídica, más que con cuestiones impositivas.

Cuestiones Sucesorias

Debido a lo anterior, este capítulo no se centra en profundidad en el aspecto fiscal, sino en las cuestiones sucesorias, sobre las cuales existe bastante confusión tanto entre clientes como entre sus asesores.

Los clientes que decidan que la forma más eficiente de estructurar su patrimonio es a través de una o varias sociedades constituidas en el extranjero tienen básicamente cuatro opciones a la hora de planificar lo que sucederá tras su fallecimiento; pero comencemos por advertir brevemente que hay tres alternativas adicionales que son contrarias a la ley y que, por ende, podrían generar responsabilidad a los directores.

Estas son: (a) la utilización de un documento de transferencia de acciones sin fecha, firmados por los accionistas en blanco antes de su fallecimiento; (b) la emisión de un poder y su utilización *post-mortem* de los accionistas; y (c) el uso de "*nominees*" o testaferros, como medios utilizados para posibilitar la transferencia de las acciones a los herederos luego de la muerte del accionista original.

Más allá de consideraciones que podamos tener sobre sus riesgos y conveniencia, todos estos métodos fallan por la misma causa: cualquier autoridad conferida por el accionista original a través del poder, el documento de transferencia o la designación de un *nominee,* quedan sin efecto a su fallecimiento. De manera que estos métodos, que parecen tan sencillos, son completamente ineficaces y fácilmente anulables ante una disputa.

Volviendo a las opciones legalmente válidas, la primera de ellas consiste en no hacer absolutamente nada, en cuyo caso se aplicarán las normas de la sucesión *ab intestato* de la jurisdicción en la cual el accionista de la sociedad hubiera fallecido.

La segunda, consistiría precisamente en preparar un testamento, ya sea de acuerdo con las normas de su país de residencia o de acuerdo con las normas de la jurisdicción en la cual incorporó la sociedad extranjera. La principal ventaja del testamento es el ahorro de tiempo.

Las últimas dos opciones son las que más análisis merecen y las que vamos a estudiar seguidamente.

La primera de ellas consiste en emitir las acciones en un régimen especial denominado *"joint tenancy of shares with rights of survivorship"*. La segunda es crear diferentes clases de acciones para dueños actuales y herederos.

Acciones emitidas en Joint Tenancy con Derecho de Supervivencia

Cuando dos o más personas poseen un mismo bien o activo, se crea una copropiedad o condominio.

La llamada "Tenencia Conjunta" (o *joint tenancy* en su idioma original) es una forma especial de copropiedad o condominio propia del derecho anglosajón (la otra que existe, más parecida al condominio de Derecho Civil, se llama *tenancy in common*) en la cual los propietarios de la cosa, en este caso acciones de una sociedad, son dueños de esta en idéntica proporción y en principio poseen los mismos derechos a mantener o disponer de la propiedad.

Dijimos que este régimen de tenencia, en principio, otorga los mismos derechos a los condóminos, porque en algunos sistemas legales se permite, a través de la inclusión de ciertas cláusulas en los estatutos de una sociedad, que las acciones poseídas bajo este régimen otorguen derecho a voto a aquel *joint tenant* cuyo nombre aparece primero en el certificado de acciones y el registro de accionistas (de allí que se aluda a la persona cuyo nombre primero aparece en dichos documentos como "*owner*", por oposición al otro "condómino", que se conoce como "*survivor*").

A fin de evitar dudas o disputas, es importante que la existencia del *joint tenancy* surja con claridad de los documentos correspondientes a la sociedad (básicamente del Registro de Accionistas y de las resoluciones que aprueban la emisión de esas acciones) y que exista un contrato que regule las relaciones entre todos los *joint tenants*.

La tenencia conjunta crea automáticamente un derecho de supervivencia que garantiza que, cuando cualquiera de los copropietarios o *joint tenants* muera, el bien pasará a los demás copropietarios **sin más trámite y sin que corresponda pagar impuesto sucesorio alguno**.

Esta solución evita las demoras, los costos y la publicidad propia de los procesos sucesorios.

El problema que presenta la misma es que, si bien es muy buena en materia sucesoria e impositiva (siempre que se la estructure en forma correcta y teniendo en cuenta los objetivos e intereses de los clientes), no lo es tanto desde el punto de vista de la protección patrimonial propiamente dicha.

Ello es así por dos razones:

a. los acreedores de cualquiera de los *joint tenants* puede forzar la venta de los bienes poseídos de esta manera; y

b. dado que todos los accionistas son dueños de las acciones desde el momento en que se crea el *joint tenancy*, cualquiera de ellos puede disponer de su parte en cualquier momento (en cuyo caso se disolverá de hecho el *joint tenancy* y los bienes remanentes serán poseídos en lo sucesivo a través de un condominio tradicional).

Esto de ninguna manera implica que no sea una herramienta para considerar seriamente a la hora de pensar la sucesión de activos que se poseen a través de sociedades, sino que hay que analizar el contexto a la hora de tomar la decisión.

En general, la tenencia conjunta con derechos de supervivencia es utilizada por las parejas casadas para asegurarse que fallecido uno de los integrantes de la pareja, los bienes pasen al otro. También se utiliza para que una pareja deje activos a sus hijos sin tener que redactar un testamento o establecer un *trust*.

No es un método que suele (ni deba) utilizarse entre socios comerciales ya que el mismo impediría que los herederos de cada uno de ellos reciban los bienes, lo cuales –inevitablemente– se consolidarán en cabeza del socio que termine viviendo más. El mismo problema se podría dar en el caso de que el cónyuge que falleciera en primer término tuviera hijos de un matrimonio anterior.

Otro tema importante que no debemos olvidar es que las acciones en *joint tenancy* no pueden ser objeto de testamentos o trusts ya que no pueden disponerse luego del fallecimiento de los accionistas.

Sociedades con Acciones A y B

Esta solución implica que el dueño de los activos es el único titular de una clase de acción (Acciones Clase A) que posee la totalidad de los derechos políticos y económicos de la sociedad en tanto dicha persona viva.

La otra clase de acciones (Acciones Clase B) se emiten desde el día uno a los herederos, pero las mismas no otorgan derechos políticos ni económicos en tanto existan accionistas de la Clase A.

Al fallecer el accionista Clase A, o el último de ellos en el caso de ser varios, o bien las Acciones Clase B se convierten en Acciones Clase A, o bien las Acciones Clase B pasan a tener derechos políticos y económicos también.

Esta alternativa elimina los riesgos mencionados al final de la sección anterior y también sirve a los efectos de evitar trámites sucesorios, pero genera una contingencia impositiva que será más o menos grande dependiendo de la residencia fiscal de los accionistas. Ello es así por cuanto, si bien en un principio las Acciones Clase B valen virtualmente cero (ya que no confieren a sus poseedores derecho alguno), al momento del fallecimiento este valor cambia en forma radical en cabeza de los sucesores, generando la obligación de pagar impuestos.

Dependiendo de la cuantía de los activos colocados bajo la sociedad, esta consecuencia puede ser suficiente como para descartar este camino.

De cualquier manera, como decimos siempre, lo fundamental a la hora de planificar un patrimonio es escuchar a los clientes y analizar sus necesidades, circunstancias y objetivos.

Si los fines principales son la privacidad, la protección patrimonial y la seguridad jurídica, pero no el aspecto impositivo, esta solución es preferible al régimen *de joint tenancy*.

Reserved Directors

Si bien la existencia de un régimen de *joint tenancy* o de diferentes clases de acciones implica necesariamente que haya múltiples accionistas, en cuyo caso no se correría el riesgo de que una sociedad quede paralizada a menos que todos ellos murieran al mismo tiempo, en el escenario en que haya un solo accionista, que a su vez es director, esto sí puede suceder.

Por tal motivo, es muy importante recomendar a quienes se encuentren en esta situación, que designen un *"Reserved Director"*.

Esta designación solo surtiría efectos al momento del fallecimiento del accionista/director y, si bien no resuelve los problemas sucesorios, resulta fundamental para la continuidad de las actividades comerciales de la sociedad mientras aquellos son resueltos, protegiendo de este modo el valor de la sociedad y de sus negocios.

- VIII -

EL TRUST: UNA HERRAMIENTA CLAVE

En el contexto sociopolítico actual, los *trusts* se han convertido en una herramienta clave dentro del campo de la planificación patrimonial.

Antes de adentrarnos en los beneficios que trae aparejado el uso de esta estructura y los cuidados que hay que tener en cuenta al hacerlo, comencemos por definir el concepto *trust*: es un contrato mediante el cual una persona (*settlor*) transfiere la propiedad de ciertos activos a otra (*trustee*) para que los administre en beneficio de uno o más terceros (beneficiarios) y los transfiera definitivamente a estos (u a otros beneficiarios) al cumplimiento de un plazo o al advenimiento de una condición (generalmente, pero no necesariamente, la muerte del *settlor*).

La Conferencia de La Haya de Derecho Internacional Privado en 1984, por su parte, definió esta figura de la siguiente manera: *"un trust es un conjunto de relaciones jurídicas en virtud de las cuales una persona, a la que se ha transferido la propiedad sobre unos bienes, está obligada a administrar dicha propiedad en beneficio de otra".*

Se trata, posiblemente, del legado o aporte más importante del *Common Law* al Derecho en general, además de ser un primo lejano del fideicomiso de derecho civil.

El principal efecto jurídico del *trust*, del cual se derivan todas sus consecuencias prácticas, es la escisión entre lo que se llama *"legal ownership"*, que va a corresponder al *trustee*, y *"beneficial ownership"*, que corresponderá a los beneficiarios.

¿Para qué se utilizan los *trusts*?

Este tipo de estructura permite no solo administrar de forma adecuada los activos que se transfieran a ella, sino también determinar con precisión las circunstancias relativas al traspaso de la propiedad de estos a los beneficiarios.

Adicionalmente, desde el momento mismo en que se establece el *trust*, la propiedad de los bienes incluidos sale del patrimonio del *settlor*, lo cual implica, por un lado, una serie de ventajas impositivas y, por el otro, que dichos activos quedan automáticamente protegidos de cualquier acción legal por parte de eventuales acreedores del *settlor*.

En otras palabras, los *trusts* se utilizan para lograr efectos impositivos, sucesorios y de protección patrimonial /privacidad.

Dependiendo de los objetivos que estén buscando los clientes, se elegirá un tipo específico de *trust* y la mejor jurisdicción para establecerlo.

¿Qué tipos de trust existen?

Existen varias clases de *trust* (revocables, irrevocables, discrecionales, no discrecionales, etc.) y muchas jurisdicciones donde constituirlos. Salvo por algunas excepciones, todas estas jurisdicciones son reguladas por el derecho anglosajón, o *"common law"*.

En el caso de trusts establecidos en Estados Unidos, tenemos "*U.S. Trusts*" y "*U.S. Foreign Trusts*" y, por otro lado, "*Grantor Trusts*" y "*Non-Grantor Trusts*".

Obviamente, cada clase y jurisdicción deberá ser evaluada en detalle por un especialista internacional con experiencia específica, así como por asesores jurídicos y contables locales del *settlor*.

Otros roles en el *trust*

Además de los roles obligatorios que todo *trust* debe tener para calificar como tal, hay otras dos figuras que tienen relevancia y que suelen utilizarse para dotar a la estructura de mayor substancia y equilibrio, y para asegurar que los objetivos del *settlor* al crearla se cumplan.

La primera de estas figuras es la del asesor financiero, que es la persona o entidad que en la práctica llevará adelante las inversiones del trust. De no existir esta figura, estas facultades corresponderán al *trustee*.

La segunda figura es la del protector. El protector es alguien de confianza del *trustee* que cumple una misión trascendental para el *settlor* ya que le permite ejercer un mínimo de control luego del desapoderamiento.

En general, se otorgan al protector los siguientes derechos o facultades:

1. el poder de remover al *trustee* y al asesor financiero;
2. el poder de cambiar la ley aplicable al *trust*;
3. el poder de remover o agregar beneficiarios;
4. el poder de aprobar distribuciones;
5. el poder de recomendar inversiones; y/o
6. el poder de terminar el *trust* o aprobar la terminación del *trust*.

El protector es un rol que apareció hace no mucho tiempo y por ende la casuística no es muy extensa.

¿Cuáles son los efectos del *trust* en los países de Derecho Civil?

Es muy común oír que los *trusts* no son reconocidos por los regímenes de derecho civil, que no son oponibles a terceros ni producen efectos jurídicos.

Muchos de estos argumentos se apoyan también en el hecho de que en la mayor parte de los países de la región existe el régimen de herencia forzosa y en que la figura del *trust* es de origen anglosajón, y no latino.

Por más categórico que a simple vista parezca este argumento, no es en absoluto correcto. De hecho, los jueces de aquellos países que cuentan con regímenes similares (como es el caso del fideicomiso) jamás podrían sostener que la figura del *trust* es ajena a su ordenamiento jurídico. Entre estos países se incluyen Argentina, México, Brasil, Perú, Paraguay y Uruguay. Algunos países han ido más allá y sus autoridades fiscales han aceptado expresamente la figura del *trust*. Sucedió, por ejemplo, en Colombia a finales de 2017.

¿Cuáles serían los principales recaudos que hay que tener en cuenta a la hora de estructurar un *trust*?

Cuando hablamos de recaudos a tomar en cuenta nos vamos a referir en general a lo que sucede en Argentina, que es hoy por hoy el país de América Latina que cuenta con la jurisprudencia más rica en la materia. Siendo el país con mayor inseguridad jurídica y presión tributaria de la región, y por ende donde esta figura ha proliferado más, no es algo que sorprenda. Muchos de los fallos emitidos por jueces de ese país han sido citados tanto en análisis doctrinarios realizados por abogados en revistas especializadas y en fallos judiciales de toda la región.

Otros países donde los *trusts* se han analizado en profundidad y los cuidados que deben tomarse en cuenta son bastante claros, son Chile, México y Perú. Por supuesto, es aún más sencillo llevar a cabo esta estructura en Panamá, donde inclusive existe actualmente una ley local de *trust*.

¿Qué impuestos debe pagar el *settlor* luego de establecer un *trust*? ¿Y los beneficiarios?

El principio general es que las ganancias producidas por los *trusts* no generan impuestos a nivel local, siempre y cuando no exista un residente local respecto del cual pueda sostenerse que tiene el control sobre la estructura o sobre los activos que se han colocado bajo el *trust*. Esto sucede, por ejemplo, cuando los *trusts* son revocables o cuando el *settlor* se reserva excesivas facultades de administración. Este es, por ende, el primer recaudo que hay que tomar muy en cuenta al redactar tanto el *"Trust Deed"* como la *"Letter of Wishes"*, que son los dos documentos legales principales de todo *trust*, más allá de que la carta de deseos no es *"legally binding"*.

Respecto del primer aspecto, existe en Argentina un dictamen de AFIP emitido el 1 de agosto de 2000, en el cual la autoridad impositiva, utilizando el principio de substancia sobre forma, dictaminó que, si una persona se reserva el derecho de revocar el *trust* en cualquier momento, evidentemente no ha habido un desapoderamiento real en favor del *trustee*. En ese caso, para peor, el *settlor* era también el *trustee*. En este mismo sentido fallaron los jueces en el caso *"Julio César Moreno"* de 2002, fallo en el cual se decidió que un *trust* donde el *settlor* actúa también como *trustee* es perfectamente válido, pero, a su vez, fiscalmente transparente. En otras palabras, el contribuyente debe seguir pagando impuestos por los activos transferidos al *trust*.

Más allá de que el caso "Eurnekian" sea el más conocido en la materia y el que más material de análisis para hacer dejó, lo cierto es que hay uno anterior, que es el caso *"Gonzalo Aguilar"*, en el cual la Corte –puesta a analizar un *trust* creado en Guernesey– estableció principios que aún hoy son válidos y no solo en Argentina: (a) el *trust* irrevocable en el cual el *settlor* no mantiene el control de los activos es una forma válida de estructurar el patrimonio, (b) de utilizarse tal estructura, el *settlor* no estará sujeto a impuestos y (c) los beneficiarios van a pagar impuestos recién cuando reciban beneficios del *trust*.

Con relación a este último punto, el concerniente a los beneficiarios del *trust*, el Dictamen 9/13 emitido por AFIP el 8 de febrero de 2013 confirmó que un beneficiario de un *trust* establecido de acuerdo con las leyes de otro país no debe incluir los activos en su declaración de impuestos –y por ende no debe pagar impuestos–, en tanto no tenga facultades decisorias.

Respecto de qué impuestos van a pagar los beneficiarios del *trust* una vez que reciban los producidos del mismo, ante la ausencia de normas específicas en la materia habrá que estar a los principios generales que, en la mayor parte de los países de la región, suponen que el beneficiario va a pagar la tasa aplicable al impuesto a las ganancias sobre la porción de lo recibido, que califique como rentas o ganancias, y no sobre la porción que califique como aporte inicial al *trust* de que se trate.

Otros efectos

Sin perjuicio de lo dicho hasta aquí, puede suceder que –aún cuando se declare válido un *trust* y por ende se deba respetar lo que él mismo establezca respecto de bienes ubicados fuera del país de residencia del *settlor*/causante– el juez competente trate luego de compensar a través de la distribución/asignación de los bienes afectados, a algún heredero cuyos derechos sucesorios no hayan sido respetados.

Esto sucede, por ejemplo, si el *trust* bajo análisis viola leyes de orden público del país de que se trate.

En cualquier caso, se trata de otra cuestión que hay que analizar –u otro recaudo que hay que tener en cuenta– al momento de armar la estructura, de manera de que se puedan alcanzar los objetivos del *settlor* en lugar de que estos se vean frustrados por la acción de un juez.

U.S. Trusts

Antes de pasar a resumir los temas más importantes tratados hasta aquí, me gustaría referirme brevemente a los *trusts* establecidos de acuerdo con las normas de alguno de los

Estados de Estados Unidos ya que –dado que los *trusts* establecidos en jurisdicciones que han adoptado CRS, intercambian información– Estados Unidos se volvió una de las jurisdicciones preferidas en este campo.

Existen dos clasificaciones muy importantes en materia de *trusts* regidos por las leyes norteamericanas. Las principales consecuencias que se desprenden de dichas clasificaciones son de tipo impositivo.

La primera, distingue *"U.S. Trusts"* de *"U.S. Foreign Trusts"*. Son *U.S. Trusts* aquellos *trusts* respecto de los cuales alguna corte norteamericana tiene jurisdicción (lo cual se da sin dudas cuando el *trustee* es estadounidense o la ley aplicable es la de alguno de los Estados de Estados Unidos), **siempre y cuando todas las decisiones relevantes se tomen en Estados Unidos**. Si, por ejemplo, designamos un Protector en México con facultades para tomar decisiones relevantes, el *trust* será un *"U.S. Foreign Trust"*. Cuando un *trust* califica como *"foreign"* no tiene en principio obligaciones fiscales en Estados Unidos.

La segunda clasificación se refiere a *"Grantor"* y *"Non-Grantor"* trusts. En pocas palabras, en los *"Grantor Trusts"*, el *settlor* retiene ciertos poderes, que incluyen el poder de revocar el *trust*, así como el control sobre los bienes que se colocan dentro del mismo. Debido a ello, los *"Grantor Trusts"* no tienen un número de identificación fiscal separado de aquel del *settlor*, de modo que el *settlor* sigue incluyendo ganancias y pérdidas asociadas con esos bienes dentro de su declaración impositiva personal (Form 1040). Por el contrario, cuando un *trust* es *"Non-Grantor"*, el mismo debe obtener su número de identificación tributaria y presentar ante el IRS el Form 1041. En los *trusts* que pertenecen a esta segunda categoría, el *settlor* no puede ser *trustee* ni beneficiario.

Por lo general, las familias latinoamericanas que establecen *trusts* en Estados Unidos se inclinan hacia *"U.S. Foreign Trusts"* que califiquen como *"Non-Grantor Trusts"*. Eso implica que el *trust* en cuestión no va a pagar impuestos en Estados Unidos y, por otro lado, que la probabilidad de que el mismo sea reconocido en la región sea mayor.

Recaudos de los *trusts:* resumen

Las dos primeras cuestiones que uno debe tomar en cuenta son los objetivos que el *settlor* (y eventualmente su familia) buscan en la figura del *trust,* considerando el tratamiento que se da a la misma en el país de residencia de *settlor* y beneficiarios.

Dependiendo de este último punto, algunas de las cuestiones que se mencionan a continuación tienen mayor relevancia:

1. ***Documentación***: La documentación correspondiente al *trust* debe ser robusta y lo más completa posible.
2. ***Trustee***: El *trustee* debe ser un tercero independiente. Mucho mejor si se trata de una empresa dedicada especialmente a la prestación de servicios fiduciarios. Bajo ningún concepto el *settlor* puede ser a su vez el *trustee*. Un criterio similar comienza de a poco a aparecer en materia de selección de protectores de *trusts*.
3. ***Beneficiarios***: Tampoco es bueno que el *settlor* sea a su vez beneficiario. Si alguien pide a un tercero que administre ciertos activos para su propio beneficio, estamos más ante un contrato de mandato que ante un *trust*.
4. ***Tipo de Trust y Jurisdicción***: Debe elegirse con cuidado no solo al *trustee* sino también el tipo de *trust* y la jurisdicción que se van a utilizar. Al respecto, es preferible que el *trust* sea irrevocable y

que la jurisdicción no sea una jurisdicción de baja o nula tributación. Tampoco es bueno elegir a cualquiera como *trustee* y luego sacarle todos los poderes a través del asesor financiero y del protector y/o el otorgamiento de poderes generales de administración a terceros (y mucho menos al *settlor*). Esto va en contra del principio "substancia sobre forma" antes mencionado. Ello a menos que no haya intención de reducir carga impositiva y que el *trust* solo se establezca con fines sucesorios.

5. **Fecha Cierta**: Al establecerse el *trust*, debemos dar especial importancia a la cuestión de la fecha cierta. Es importante que el documento se firme de una manera tal, que luego pueda presentarse ante las autoridades fiscales del país de residencia sin que estas puedan discutir la fecha de su establecimiento.

6. **Transferencia de Activos**: Una vez constituido el *trust*, debemos ser muy cuidadosos con la transferencia de los activos al mismo.

7. **Control**: El último aspecto a considerar es el control que el *settlor*, de un modo u otro, ejercerá en la práctica en el funcionamiento del *trust*. A mayor

control del *settlor*, obviamente mayor tranquilidad para él, pero al mismo tiempo mayor será el riesgo de que la estructura pueda ser atacada sobre la base de que los activos en realidad nunca salieron de su patrimonio. Como manifestamos más arriba, es importante que la transferencia de los activos al *trustee* sea real y para eso hay que limitar lo más posible los derechos y facultades del *settlor*.

– IX –

LOS FONDOS DE INVERSION FAMILIARES

Introducción a la industria de los fondos de inversión

"**Fondo de Inversión**" es un término amplio que abarca todos los tipos de esquemas colectivos de inversión, incluidos los fondos mutuos, los fondos de cobertura (o *hedge funds*), los fondos inmobiliarios y los fondos de *private equity* o *venture capital*.

Se trata de acuerdos mediante los cuales un grupo de inversores aporta bienes o dinero a un esquema colectivo, cediendo el control diario y la propiedad directa de los activos correspondientes, de forma tal que la propiedad pase a ser gestionada en su totalidad por el operador del esquema, generalmente el gestor de inversiones o *investment manager*.

Un "**fondo de inversión** *offshore*", por su parte, es un esquema de inversión colectiva establecido en un centro financiero *offshore*, generalmente las Islas Vírgenes Británicas, las Islas Caimán, Bermudas, Bahamas o Luxemburgo.

Los fondos *offshore* ofrecen a los inversionistas beneficios significativos en comparación con muchas jurisdicciones *onshore* tales como los Estados Unidos o el Reino Unido.

Los gestores de fondos de inversión han destacado las siguientes ventajas al escoger domicilios *offshore* en lugar de domicilios *onshore*:

1. flexibilidad a la hora de establecer las estrategia y objetivos de inversión o, lo que es lo mismo, ausencia de las restricciones que en general imponen los reguladores *onshore,* alegando como principal motivo para ello la protección al consumidor;
2. los centros *offshore* tienden a tener gobiernos que reconocen la importancia de trabajar estrechamente con el sector privado para asegurar que la legislación vigente satisfaga las necesidades del mercado;
3. los centros *offshore*, en particular aquellos a los que nos hemos referido anteriormente, cuentan con un alto nivel de experiencia en fondos y es habitual encontrar en los mismos estudios jurídicos especializados, administradores experimentados, custodios y firmas contables y/o de auditoría, etc.;
4. gran parte de estas jurisdicciones de fondos *offshore*

son consideradas amigables para con los inversores y son vistas internacionalmente como seguras desde el punto de vista financiero y de la propiedad privada; y
5. las jurisdicciones *offshore* ofrecen ciertas ventajas fiscales.

Tanto los fondos *offshore* como los *onshore* pueden ser vehículos abiertos o cerrados. En el primer caso, los inversores tienen derecho a exigir el rescate de sus acciones a intervalos regulares y específicos en caso de que deseen retirarse del fondo. El producto del rescate se calcula entonces como una parte del valor neto de los activos del fondo al día de rescate correspondiente. Esto significa que los incrementos y disminuciones en el valor de los activos del fondo se reflejan directamente en el monto que un inversionista puede retirar.

Los fondos cerrados, por su parte, son aquellos en los que los inversionistas no tienen este derecho. Se utilizan generalmente para proyectos inmobiliarios o para emprendimientos de inversión donde los socios son solo unos pocos y se conocen bien.

La industria mundial de fondos es una parte muy significativa del sistema financiero, con fondos de diversos tipos, estrategias y tamaños que, a julio de 2015, tenían un total de $ 74tn[21] bajo administración.

Durante los últimos años hemos sido testigos de un aumento sostenido en el número de familias que están creando sus propios fondos de inversión. Y lo han hecho por múltiples razones que se explican a continuación.

La utilización de fondos offshore para la planificación del patrimonio familiar

Las familias, y especialmente los activos familiares, son cada vez más móviles. Tienen sus bases en distintas jurisdicciones y están sujetos a una variedad de leyes y regulaciones.

Como tales, algunos de los retos principales que enfrentan son, entre otros, asegurar el retorno razonable sobre el capital, la continuidad del negocio familiar y la gobernanza

---

[21] Por más información, sírvase leer la encuesta anual de Boston Consulting Group

www.bcgperspectives.com/content/articles/financial-institutionsglobal-asset-management-2015-sparking-growth-through-go-tomarket-strategy.

de la familia.

En este contexto, se puede utilizar una estructura de fondos para asegurar un marco independiente y profesional en el que los bienes familiares puedan ser agrupados, salvaguardados y los ingresos individuales de los miembros de la familia puedan ser adaptados a sus necesidades.

Cuando se estructura un fondo familiar, un gestor de inversiones nombrado por la familia se encarga de las decisiones de inversión cotidianas; un administrador calcula los valores de los activos netos y un auditor independiente verifica los registros financieros y los métodos de contabilidad. Esta configuración garantiza el acceso a las mejores prácticas de la industria y el cumplimiento de las normativas locales e internacionales vigentes.

Objetivos principales

Además de las razones a las que hemos hecho referencia en la sección anterior (rendimiento razonable sobre el capital, la continuidad del negocio familiar y la gobernanza familiar), hay otras por las cuales las familias están mostrando una tendencia hacia estas estructuras en lugar de los *trust* o fundaciones.

Otros objetivos incluyen los siguientes:

- la salvaguarda de los activos familiares;
- evitar gastos excesivos;
- la flexibilidad en la reclasificación de los ingresos;
- evitar (o resolver) desacuerdos familiares;
- optimización fiscal;
- la flexibilidad que ofrecen con relación a los derechos a voto;
- organización de fondos de caridad;
- mantenimiento del patrimonio en un ambiente estable;
- fortalecimiento de las oportunidades de inversión, diversificación y liquidez (aspectos en los que el tamaño del vehículo de la inversión importa);

- facilidad de acceso a mercados emergentes;

- mantener el patrimonio bajo una estructura segura y evitar obstáculos al acceso al mismo; y/o

- cuestiones vinculadas a la seguridad personal si la familia vive en países de alto riesgo.

Establecimiento del domicilio de los fondos

Obviamente, la decisión más importante que una familia debe tomar (después de decidir crear un fondo) es elegir la estrategia de inversión y el objetivo para el fondo.

La segunda decisión más importante es dónde domiciliarlo.

La tendencia global es elegir una ubicación *offshore* en vez de un domicilio local, ya que los centros financieros *offshore* a menudo ofrecen exenciones de impuestos y regulaciones menos restringidas para los gerentes y directores. Ya hemos analizado estas ventajas anteriormente.

En el caso de familias latinoamericanas, estos fondos generalmente se establecen en las Islas Vírgenes Británicas o en las Islas Caimán.

Otras opciones menos comunes para los fondos latinoamericanos incluyen Irlanda, Bermudas, Bahamas y Luxemburgo.

Si bien – pese a sus mayores costos y su mayor complejidad – en algún momento existió un interés creciente respecto de jurisdicciones europeas, tales como Irlanda y especialmente Luxemburgo (básicamente porque estas jurisdicciones no habían sido incluidas en las listas negras emitidas por algunos países de la región), el cambio hacia la transparencia y el hecho de que todas las jurisdicciones *offshore* líderes se hayan comprometido a aplicar CRS, está cambiando también la tendencia a elegir Luxemburgo e Irlanda que se había visto en décadas pasadas.

En algunos casos puede haber ventajas en la creación de vehículos *onshore*. Sin embargo, esta no es la regla, sino más bien la excepción.

Tanto las Islas Vírgenes Británicas como las Islas Caimán – las jurisdicciones elegidas por las familias latinoamericanas – son territorios británicos de ultramar. Su sistema legal proviene del *common law* anglosajón y se complementa con la legislación local. Los sistemas de tribunales de estas jurisdicciones están bien desarrollados y las apelaciones finalmente terminan en el Privy Council con sede Londres.

Otras similitudes entre los domicilios preferidos para los fondos son las siguientes:

1. son bastante flexibles en lo que se refiere a la estructuración del fondo, de forma tal que pueden estar formados por compañías, sociedades o *trusts*, según los requerimientos del inversor;
2. no se retienen ni se aplican impuestos a las ganancias o ingresos;
3. ambas jurisdicciones permiten la creación de compañías con cartera segregada (*segregated portfolio companies*), cuyo efecto principal es aislar el riesgo de cada inversor y evitar la contaminación entre carteras de diferentes familias o miembros de una familia.

Entre una jurisdicción y otra hay diferencias que pueden definir a una como más ventajosa para un determinado proyecto o transacción.

En general, las Islas Caimán son el domicilio elegido por los grandes fondos institucionales de los Estados Unidos y las Islas Vírgenes Británicas son la elección natural de gestores emergentes y las familias.

Asimismo, si el cliente (incluso si es institucional) es sensible a los costos, las Islas Vírgenes Británicas pueden ser la opción más adecuada, ya que son significativamente menos costosas que las Islas Caimán. El *"Approved Fund"*[22] de las

[22] Los umbrales pertinentes para este tipo de fondo son los siguientes:

- un máximo de 20 inversores en cualquier momento (esto significa que los inversores pueden salir y entrar al fondo siempre y cuando nunca haya más de 20), y
- un máximo de U$S100 millones en activos bajo administración.

El *Approved Fund* comparte algunas de las características del *Private Fund*, incluso el hecho que no haya monto inicial de inversión, pero la diferencia con el fondo privado es que el fondo

Islas Vírgenes Británicas es actualmente una opción muy común tanto para los gestores emergentes como para las familias.

Estructuras

Las jurisdicciones *offshore* permiten que se utilicen estructuras diferentes para los fondos de inversión, así como una combinación de estructuras.

En la mayoría de los casos, los fondos pueden establecerse como sociedades, pero perfectamente podrían estructurarse como *partnerships* o *unit trusts*.

Los potenciales inversores que el gestor definirá como objetivo serán uno de los factores clave para determinar adecuadamente la selección del vehículo de inversión.

En el caso de que, por ejemplo, se ofrezca un fondo *"retail"* (fondo minorista) al público en el Reino Unido (o a inversores japoneses), un *unit trust* podría ser la estructura más aplicable a una familia mientras que si el fondo se comercializara en Europa, los Estados Unidos o América ~~Latina, una compañía podría ser la forma más adecuada.~~

aprobado no exige la designación de un auditor, ni de un gerente ni custodio. Sí requiere la designación de un administrador.

Por último, las *partnerships* se utilizan comúnmente cuando existe un requisito de inversión mínimo bastante alto y los intereses del fondo se ofrecen principalmente a instituciones. También se las elige muy comúnmente para los fondos de *private equity*, es decir, fondos que invierten en compañías cuyas acciones no están listadas en un *stock exchange*.

Si bien las consideraciones reglamentarias y de comercialización son importantes al seleccionar el tipo de sociedad, *unit trust* o *partnership*, las implicaciones fiscales constituirán el factor determinante para dicha selección. El objetivo aquí es que el fondo de inversión alcance la neutralidad tributaria para que un inversor se encuentre en la misma posición fiscal, ya sea que haga su inversión directamente en los activos subyacentes o a través del fondo.

Otra consideración importante sería si existiera interés en que el fondo cotizara en una bolsa de valores, en cuyo caso una compañía sería la mejor opción. Más adelante desarrollaremos esta opción de cotización en Bolsa, ya que implica una ventaja importante; especialmente teniendo en cuenta las crecientes exigencias en ámbitos tales como la transparencia y el intercambio de información.

Otra estructura legal frecuentemente utilizada es la llamada *"master-feeder"* (o fondo principal y fondos subordinados), ya que permiten tanto a los inversores *offshore* como los *onshore* participar en la misma estructura de inversión.

Utilizando a los Estados Unidos como ejemplo, lo anterior se logra normalmente haciendo que los inversionistas sujetos a impuestos estadounidenses inviertan directamente en una *partnership* o en otro tipo de entidad domiciliada en los Estados Unidos, y que los inversionistas *offshore*, junto con los inversionistas exentos de impuestos, inviertan en una empresa *offshore*. Cada *"feeder"* invertirá, entonces, todos sus activos en el fondo *"master"*, que generalmente es otra compañía *offshore* que ha elegido ser considerada como una asociación a efectos tributarios de los EE.UU. bajo las reglas "*check the box*". El gestor de inversiones manejará entonces la cartera a nivel del fondo *master*.

Acciones de cotización pública

Por último, si un fondo cotiza sus acciones en determinadas bolsas de valores puede evitar la presentación de informes en virtud de las normas CRS y, por lo tanto, ofrecer una mayor privacidad a sus inversores (en este caso, a los miembros de la familia).

A este respecto, el *handbook* que preparó la OCDE respecto de la aplicación de CRS, "*una sociedad cuyas acciones se comercialicen regularmente en uno o más mercados de valores establecidos*" no es una "*Persona Reportable*" y que las acciones de una empresa se "*comercializan regularmente*" en el caso que exista un volumen significativo de comercialización con respecto a las acciones en forma continua.

A los efectos de CRS, "cada clase de acciones de las acciones de la corporación" significa una o más clases de las acciones de la corporación que (i) hayan cotizado en uno o más mercados de valores establecidos durante el año calendario anterior y (ii) en forma agregada, represente(n) más del 50% de (a) el total del poder de voto combinado de toda la clase de acciones de dicha corporación con derecho a voto y (b) el valor total de las acciones de dicha corporación.

Resumen

La estructuración del patrimonio familiar a través de un fondo de inversión tiene varias ventajas, no solo desde el punto de vista jurídico, sino en general. Entre las ventajas "no legales" pero funcionales, probablemente la más importante es que tener este tipo de vehículo permite a la familia acceder a oportunidades de inversión más sofisticadas.

Desde una perspectiva legal, esta estructura puede disminuir la carga impositiva que deba pagar la familia, puede resultar eficiente teniendo en cuenta las CFC Rules, y también puede implicar que no se intercambie información entre el país en donde se realizan las inversiones y el país de residencia de los miembros de la familia.

En general, es conveniente complementar dicha estructura con un *trust* para fines de una planificación sucesoria eficaz.

– X –

PLANIFICANDO PATRIMONIOS A TRAVÉS DE PÓLIZAS DE SEGURO

Introducción

Como ya vimos, CRS, FATCA y las amnistías fiscales no constituyen hechos aislados sino más bien el inicio de un largo y, en algunos casos doloroso, camino.

La transparencia y el intercambio de información financiera entre países llegaron para quedarse. Se trata de una tendencia que va camino a consolidarse, no a revertirse.

Las familias que lo han entendido han estado bastante ocupadas últimamente estructurando o restructurando sus patrimonios de manera de alcanzar sus objetivos sucesorios, de protección patrimonial, de privacidad o impositivos, siempre dentro de la ley.

Dependiendo del país de residencia, el tipo de inversiones que manejan y sus objetivos (que hoy por hoy, y es importante decirlo, pasan más por asegurar la mayor privacidad posible en una región donde no se la respeta en lo más mínimo), las estructuras patrimoniales incluyen sociedades, *trusts*, fundaciones, fondos de inversión familiares y/o seguros de vida.

En este capítulo, nos vamos a ocupar de esta última herramienta que es, quizás, la menos difundida de todas, pero una de las más ventajosas.

En efecto, estructurados en forma correcta, cierto tipo de seguro de vida puede ser la manera más eficiente para acumular y transferir riqueza de generación en generación en jurisdicciones con altos impuestos y abundante regulación.

Private Placement Life Insurance

Cuando en este capítulo hablamos de seguros de vida no nos estamos refiriendo a los típicos seguros de vida que un individuo contrata, por ejemplo, al sacar un préstamo, sino al llamado "*Private Placement Life Insurance*", también conocido como "*insurance wrapper*".

De modo similar a lo que sucede con los seguros más tradicionales, en el *Private Placement Life Insurance* también conviven tres elementos: la prima, la cuenta de acumulación y el beneficio por fallecimiento.

Las mayores diferencias con los seguros tradicionales son las siguientes:

a. la cuenta de acumulación no es manejada por la compañía de seguro sino por el asesor financiero elegido por el cliente; y

b. la póliza es pagada mediante la transferencia de los activos que se quieren proteger los cuales, en ese mismo momento, dejarán de pertenecer legalmente a quien constituyó la estructura, con todas las ventajas que ello implica. Estos activos pueden incluir cuentas bancarias, acciones en sociedades, propiedades y cualquier bien susceptible de tener un valor pecuniario.

Es importante, a los efectos de brindar substancia a la estructura, que el valor del beneficio por fallecimiento sea al menos un 20% mayor al valor de la prima.

Ventajas y Desventajas

Las principales ventajas asociadas al uso de este tipo de herramienta en la planificación patrimonial internacional son las siguientes:

a. diferimiento fiscal durante la vida del asegurado;

b. en principio, distribución final libre de impuestos;
c. posibilidad de acceder a los fondos durante la vida del asegurado;
d. posibilidad de cambiar los beneficiarios hasta el momento del fallecimiento;
e. posibilidad de dejar sin efecto la estructura en cualquier momento;
f. la estructura también sirve en el caso de existir beneficiarios que sean residentes fiscales norteamericanos;
g. se trata de una herramienta especialmente útil en aquellos países que han introducido CFC Rules, como Perú y Chile; y
h. también existen ciertas ventajas en materia de reporte internacional, dependiendo de donde se encuentre domiciliada la compañía aseguradora.

En cuanto a las desventajas, se trata de una estructura en ocasiones difícil de comprender para quien no está familiarizada con ella. Su uso no se encuentra tan generalizado (como sucede con los *trusts*) y, en algunos países, está prohibida o genera algún tipo de dificultad práctica la contratación de seguros en el extranjero.

Respecto de este último punto, en la actualidad solo Argentina prohíbe lisa y llanamente este tipo de práctica o, puesto de otro modo, no reconoce este tipo de transacción.

Si bien entendemos – pero no compartimos – la lógica de limitar el acceso al mercado a empresas internacionales cuando las nacionales no están a la altura (y el área de los seguros es un claro ejemplo de esto), no tiene ningún sentido que este tipo específico de seguro no se pueda contratar en el extranjero, toda vez que en la plaza local no se ofrece.

En Brasil, por su parte, un residente fiscal no puede contratar un seguro de vida en el extranjero, pero un tercero (por ejemplo, una sociedad extranjera o un *trust*) sí puede asegurar la vida de un brasilero.

Existen otros países, donde no hay problema para el asegurado, pero el beneficiario tiene un impacto impositivo negativo cuando recibe la indemnización por parte de una compañía aseguradora no residente (i.e. México). Lo que puede hacerse para evitar la aplicación de este impuesto, es establecer un fideicomiso testamentario que actuaría como beneficiario de la póliza. En este escenario, el beneficiario recibiría el beneficio al 0% en lugar de al 30%, ya que no se trataría de un pago recibido de una aseguradora extranjera sino del cobro de una sucesión.

En otro grupo de países, por ejemplo, en Chile o Perú, existen dudas acerca de si la compra del seguro puede o no hacerse desde el país de residencia del asegurado, en cuyo caso la recomendación es siempre viajar al exterior y firmar la documentación de que se trate en un tercer país.

¿Cómo funciona esta herramienta en la práctica?

Veamos, para terminar, cómo funciona este producto o herramienta desde un punto de vista práctico.

Supongamos que el Sr. X posee una cuenta bancaria en Suiza por US$10.000.000, tres propiedades en Estados Unidos, una cuarta en Uruguay y una embarcación registrada en el Caribe.

Asumamos también que, luego de analizadas todas las opciones, el Sr. X y sus asesores han decidido que un seguro de vida de las características del que hemos analizado aquí es la opción más conveniente.

Luego de elegida la compañía de seguros adecuada, el Sr. X procederá a contratar una póliza de seguro de vida con un beneficio equivalente al 120% del valor de los activos que quiere proteger y transferirá el 100% de esos activos en concepto de pago de la prima. Los activos transferidos en concepto de prima se convierten en activos segregados de la compañía de seguros (reservas técnicas para pagar futuras indemnizaciones), la cual extenderá, como contraprestación, un contrato de seguro que otorgará derechos y obligaciones a los tomadores de este.

Es importante enfatizar que los activos transferidos por el asegurado NO forman parte del balance general de la aseguradora y por ende no estarán sujetos a los riesgos propios de la aseguradora que se elija.

Durante la vida del Sr. X, los activos serán manejados por un asesor financiero de su confianza. Al fallecer, los beneficiarios recibirán la totalidad de los activos, menos los retiros efectuados por el asegurado (si los hubo) y más los frutos producidos durante la vida del seguro como consecuencia de las inversiones realizadas. A la suma resultante se adicionará ese 20% de "componente vida" que mencionamos anteriormente" (siempre y cuando haya sido contratado permanentemente como porcentaje del NAV y no como porcentaje de la prima aportada).

Algunas aclaraciones finales:

- a. en casos como el que utilizamos a modo de ejemplo, en los cuales parte de la prima se paga con activos "no financieros", este tipo de activo se estructura previamente a través de una o más sociedad *holding*;
- b. las acciones de dicha(s) sociedad(es) *holding* es lo que se transfiere a la compañía aseguradora en concepto de prima;
- c. activos norteamericanos (como las propiedades de nuestro ejemplo) pueden ser aportados cuando el dueño sea, por ejemplo, una sociedad de BVI y no una LLC doméstica;
- d. la transferencia de acciones de sociedades operativas conlleva otro tipo de complicaciones, sobre todo en cuestiones al gobierno corporativo, valuaciones, etc.; y
- e. finalmente, el 20% adicional que brinda substancia a la estructura bajo análisis estará sujeto a *underwriting* médico, por lo que personas muy mayores o con antecedentes de salud importantes

podrían ver esto como un impedimento o limitación.

- XI -

MUDANZA INTERNACIONAL: THE ULTIMATE WEALTH STRUCTURING TOOL

Introducción.

Algunos capítulos atrás, explicamos que –a la hora de estructurar legalmente un patrimonio– la primera pregunta que se debía plantear respecto de cada activo que lo integra es si resulta conveniente que el mismo quede en efecto dentro de dicho patrimonio o si, por el contrario, sería ventajoso transferirlo o aportarlo a un *trust* o estructura similar.

Obviamente, en el caso de los bienes que se decida mantener dentro del patrimonio personal/familiar, habrá que asegurarse que los mismos sean correctamente reportados a la autoridad fiscal del país de que se trate y que se paguen todos los impuestos correspondientes.

Si, una vez que el cliente en cuestión ha analizado qué hacer con cada activo y ha determinado –junto con asesores– la estructura patrimonial que mejor se adapte a sus necesidades y objetivos, aún no está conforme con el nivel de impuestos que tendría que abonar, la única opción que esta persona tendría sería la de establecer su residencia fiscal en un país donde se sienta cómodo respecto del nivel de impuestos a pagar, lo cual es perfectamente posible siempre y cuando el cliente está dispuesto a irse de su país para mudarse a otro.

A esto, justamente, nos vamos a referir en el presente capítulo.

Una última aclaración antes de comenzar: contrariamente a lo que muchos clientes piensan, el tener nacionalidades adicionales a las del país en el cual residen no suma absolutamente nada a los efectos de la planificación patrimonial. Inclusive, podría restar. Ello es así ya que, salvo en los casos de Estados Unidos y Eritrea (más algún otro que me puedo estar olvidando), los sistemas tributarios están basados en el concepto de "residencia" y no de "nacionalidad". Uno no paga impuestos de acuerdo con la nacionalidad que posee sino de acuerdo con el país en el cual reside.

Cómo adquirir una nueva residencia fiscal

Adquirir la residencia fiscal en un tercer país no suele ser algo muy complejo y en realidad es lógico que no lo sea: ¿qué país se va a oponer a agrandar su base de contribuyentes?

Hay países que han visto en esto un negocio y promueven que extranjeros se instalen allí, facilitando el proceso lo más que se pueda; y hay otros que no.

Entre los primeros, cabe destacar a Malta, Suiza, Italia, España, Uruguay, Panamá, varias jurisdicciones del Caribe (entre las cuales se destaca Bahamas) y hasta inclusive Estados Unidos.

En general, estos países exigen que se cumplan las siguientes condiciones a los efectos de considerar a un extranjero como residente fiscal:

a. que permanezca una cantidad mínima de días por año en el territorio de dicho país (en la mayor parte de los casos, el número mágico es 183 días por año);

b. que establezca su centro de vida o centro de intereses económicos en dicho país, en cuyo caso no suele requerirse el cumplimiento de la cantidad mínima de días; o

c. que realice una inversión económica de cierta envergadura (en este último supuesto, tampoco se suele exigir el mínimo de días).

Mientras algunos países ofrecen ventajas impositivas a sus nuevos residentes (tasas más bajas, exoneraciones, plazos de gracia, etc.), otros no lo hacen.

Veamos, a modo de ejemplo, los casos de España e Italia:

España

El 27 de septiembre de 2013, España aprobó la llamada "Ley de Emprendedores", una de cuyas secciones se refiere a la "movilidad internacional".

En concreto, lo que ofrece España es la posibilidad de obtener el permiso de residencia en el país a aquellas personas extranjeras dispuestas a: (a) realizar una inversión inicial igual o superior a EUR 2,000,.000 en deuda pública española o EUR 1,000,000 en acciones de empresas privadas o depósitos en entidades financieras españolas, (b) adquirir inmuebles por valor de al menos EUR 500,000 o (c) desarrollar un proyecto que califique como de "interés general".

Las inversiones mencionadas más arriba otorgan, a quienes la realicen, el derecho a solicitar un visado de residencia para inversores (que a su vez permiten estancias por hasta un año, en lugar del tradicional plazo de 90 días que tiene todo turista) o un permiso de residencia de 2 años, renovable por períodos de igual duración. Este permiso NO exige estancia mínima del interesado en España.

Los requisitos para poder acceder a este tipo de visa/residencia, son los siguientes:

- tener los 18 años cumplidos
- ser ciudadano extracomunitario
- no tener antecedentes penales en España
- disponer de recursos económicos suficientes, tanto para el solicitante como para sus dependientes
- disponer de un seguro médico público o privado que sea válido en España y
- no haber entrado o permanecido de forma ilegal en España y no haberle sido denegada la entrada en alguno de los países de la zona "*Schengen*"[23].

Este sistema de visa/residencia, puede o no combinarse con la llamada "Ley Beckham" o "Régimen Especial de IRPF para Trabajadores Desplazados a Territorio Español.".

Como consecuencia de la aplicación de este régimen, los primeros EUR 600,000 por año obtenidos por el trabajador por rendimiento del trabajo tributan a una tasa fija del 24%. Dicha tributación se aplica sobre todos los rendimientos de trabajo obtenidos, con independencia de si los mismos se obtienen en el extranjero, lo que – con una mala planificación – podría dar lugar a situaciones de doble tributación sobre este tipo de rentas.

Los rendimientos de capital obtenidos en España (dividendos, intereses, ganancias de capital, etc.) tributarán al 19% para los primeros EUR 6.000 y el 23% a partir de los EUR 50,000.

Italia

[23] La zona Schengen está formada por: Austria, Bélgica, República Checa, Dinamarca, Estonia, Finlandia, Francia, Alemania, Grecia, Hungría, Islandia, Italia, Liechtenstein, Lituania, Luxemburgo, Malta, Países Bajos, Noruega, Polonia, Portugal, España, Eslovaquia, Eslovenia, Suecia y Suiza.

El 8 de marzo de 2017, la autoridad fiscal italiana emitió una serie de aclaraciones con relación al régimen legal aplicable a residentes no domiciliados en el país.

El objetivo de estas modificaciones, que de alguna manera están inspiradas en el régimen inglés, ha sido claramente el de atraer personas y familias de alto patrimonio.

En resumen, el sistema ofrece – con algunas excepciones - un impuesto alternativo al impuesto a las ganancias para ingresos obtenidos fuera de Italia por parte de personas extranjeras que han mudado su residencia fiscal a Italia. El monto a abonar por año es de EUR 100,000 (más EUR 25,000 adicionales por miembro de la familia). Esta opción puede extenderse hasta un máximo de 15 años.

El sistema está ligado a las normas migratorias, de modo que un ciudadano extranjero puede obtener una visa de inversión básicamente en los mismos casos que vimos para España.

Antes de pasar a analizar la pérdida de la residencia fiscal, quienes estén interesados en mudar su residencia fiscal a un tercer país, deben prestar especial atención a dos impuestos que en general pasan desapercibidos en el momento inicial: el "*exit tax*" y el impuesto a la herencia.

Cómo perder la residencia fiscal original

Como los lectores habrán advertido a esta altura, el problema no es tanto como adquirir una residencia fiscal nueva, sino como perder la que se tenía; aquella con la cual uno no está conforme y la que de algún modo originó el interés por la cuestión.

La clave aquí es perder la residencia fiscal que se tiene; obtener una nueva es la parte sencilla del asunto.

Ello es así porque la obtención de la residencia fiscal en un tercer país no provoca de forma automática que el contribuyente pierda la del país de donde procede.

En otras palabras, por más que uno obtenga una residencia fiscal en un tercer país, si la autoridad fiscal del país en el cual se residía originalmente no otorga la "baja fiscal", el único efecto que la obtención de la nueva residencia generará será que parte de los impuestos sean pagados en el exterior y luego utilizados como créditos a nivel local; pero la cantidad total de impuestos pagada no se modificará.

Inclusive puede darse el caso en que el país donde se residía originalmente no acepte todos los impuestos pagados en el tercer país, y el monto total de impuestos a abonar sea inclusive mayor que los que se pagaba antes de obtener la residencia fiscal en el extranjero.

Así las cosas, pase lo que pase es fundamental evitar la doble residencia fiscal. Este sería el peor escenario en materia de residencias fiscales.

A fin de perder la residencia original, en general hay que demostrar que ya no se tiene el centro de vida allí y, en algunos casos, que no se llega a un mínimo de días por año en el territorio del país. Cuestiones como el tener hijos en edad escolar en dicho país, ser socio de clubes deportivos allí, tener propiedades o negocios, etc. suelen ser tomados como indicios de que en realidad no se ha movido el centro de vida al exterior. Algunos países van más allá y exigen que la mayor parte del patrimonio del pagador de impuestos que se está dando de baja esté localizada fuera del país.

En definitiva, y lamento no ser portador de buenas noticias, la mudanza internacional solo sirve como herramienta de planificación patrimonial cuando la misma es **real**. Esto es clave.

El mundo no solo avanza a pasos agigantados hacia una transparencia casi enfermiza sino también hacia exigir cada vez más substancia en este tipo de cuestiones.

Por ello, quien no está dispuesto a levantar campamento y mudarse en serio a otro país, no debería perder tiempo analizando la obtención de una nueva residencia fiscal. A menos que la quiera solamente para poner algún obstáculo al intercambio automático de información fiscal mientras se pueda.

– XII –

HERENCIA DIGITAL

Introducción

Algunos años atrás, un reconocido abogado norteamericano especializado justamente en temas de planificación patrimonial internacional decidió terminar con su vida.

Para quienes lo conocíamos desde hacía tiempo y lo admirábamos, se trató obviamente de un duro golpe, pero ese no es el punto aquí.

Un par de semanas más tarde, LinkedIn notificaba a todo el mundo que esta persona cumplía 25 años en su trabajo y los invitaba a felicitarla.

Si a mi –que compartía con él eventos académicos un par de veces al año– me resultó chocante esa notificación, no quiero ni imaginar lo que sintieron su viuda, sus compañeros de trabajo, sus clientes más cercanos o sus amigos.

Obviamente, cuestiones como esta no solo se repiten todos los días, sino que van en aumento; y el problema es que –hasta el momento– la gente no sabe muy bien cómo evitarlas.

En general, cuando uno piensa en una sucesión se concentra en bienes inmuebles, joyas, cuentas bancarias, automóviles y arte y no tiene en cuenta otro tipo de activos que, en ocasiones, pueden valer tanto o más que los activos físicos. Me refiero a los llamados "activos digitales", que incluyen todo un universo de cuestiones con las que generaciones anteriores no tuvieron que lidiar.

En este capítulo nos vamos a apartar de las cuestiones técnicas o académicas, para analizar aspectos más bien prácticos que el lector debería tener en cuenta en este campo.

¿Qué son los "activos digitales"? ¿Qué sucede al momento del fallecimiento o incapacidad del dueño de estos?

Existen diferentes tipos de activos digitales entre los cuales se destacan los siguientes:

    a. perfiles de redes sociales (Facebook, LinkedIn, Twitter, YouTube, etc.);

    b. bienes digitales (e-books, música, etc.);

    c. usuarios y cuentas en juegos virtuales, plataformas de compra online, débitos automáticos de servicios;

d. programas de fidelización (American Advantage, Hilton Honors, etc.);
e. medios de pago y/o monedas virtuales (Bitcoins, Paypal, Digital Wallet, etc.),
f. blogs y microblogs;
g. dominios y/o cuentas de correo electrónico; y
h. datos guardados en nubes.

Algunos de estos activos son susceptibles de generar ingresos y tienen, por ende, un valor pecuniario. Otros, tienen simplemente un valor emocional no menos importante.

De cualquier manera, en ambos casos es importante analizar qué es lo que sucede cuando la persona titular de estos bienes fallece o queda incapacitada.

Hasta no hace mucho tiempo, la respuesta en la mayor parte de los casos era sencilla: el activo o la cuenta quedaba bloqueado y el acceso era denegado por el administrador o responsable.

Las únicas maneras en que un heredero podría tener acceso a estos activos eran las siguientes:

a. a través de la justicia (una opción en general cara y lenta);
b. ingresando con los datos de usuario y clave del fallecido o incapaz (algo que puede ser práctico, pero en general no es legal); o
c. siendo el interesado el "contacto" designado para el caso de cuentas legado o inactivas (algo que no todas las plataformas permiten).

Los activos digitales son cada vez más relevantes y valiosos y, como tales, merecen la protección de nuestro ordenamiento jurídico.

El problema es que, como estamos ante un mundo novedoso dentro de la planificación patrimonial, las leyes hasta ahora son pocas y confusas.

Novedades legislativas y un consejo de amigo

A nivel de la Unión Europea no hay hasta el momento una norma de tipo general que regule este tipo de cuestiones; lo cual es raro, dada la fascinación que tiene por regular absolutamente todo.

En el caso de Estados Unidos, el Estado de Nueva York aprobó la llamada *Uniform Fiduciary Access to Digital Assets Act*" en septiembre de 2016.

Gracias a esta ley, cualquier residente del Estado puede designar a una persona como su representante respecto del manejo de sus activos digitales. A los efectos de la misma, un activo digital es cualquier "archivo electrónico respecto del cual un individuo pueda tener un derecho o interés".

Este acceso o derecho puede otorgarse a través de los website de los proveedores (Google Inactive Manager, Facebook Legacy Account, etc.) o, lo que es mucho más sencillo aún, a través de testamentos, *trusts*, poderes, etc.

Otro ejemplo de regulación de este tipo de cuestiones se da en el Estado de Luisiana, en este caso a través de la Sección 3191 del Código de Procedimiento Civil vigente en dicho Estado. Esta norma prevé que, salvo instrucciones en contrario, el representante del fallecido o incapaz tendrá también autoridad sobre sus activos digitales.

Obviamente en América Latina, donde hasta hace poco tiempo todos evitaban hablar de muerte e impuestos y donde la gente que cuenta con un testamento no llega al 5% de la población total, no existe regulación alguna sobre estas cuestiones.

En ese contexto, y sin querer sonar a publicidad de medicamentos ni mucho menos, lo importante, si están planificando vuestra sucesión y han contratado los servicios de algún profesional a tal fin, es hablar de estos temas con él o ella.

Ante la ausencia de normas específicas, es muy importante determinar la suerte que correrán estos activos, muy posiblemente en el mismo documento donde se determina la de los otros.

– XIII –

LA OCDE Y EL ICIJ DEBERÍAN PEDIR PERDÓN

Introducción

Existe desafortunadamente mucha confusión acerca de para qué sirven las jurisdicciones *offshore* y también hay muchos prejuicios al respecto. Ya nos hemos referido a ellos en varios capítulos del presente libro.

Las constantes presiones por parte de organismos multilaterales como son la OCDE y el G-20, así como las filtraciones de información confidencial cada vez más frecuentes, definitivamente no ayudan.

En ese contexto, los principales objetivos de este capítulo son dos: (a) explicar nuestra postura respecto de las filtraciones de información robada y (b) analizar el papel que juegan el Consorcio Internacional de Periodistas de Investigación ("**ICIJ**") y la OCDE en estas cuestiones.

Derecho a la Privacidad

El principio general en materia de información es que cada

uno es libre de mantener cualquier tipo de información en forma privada a menos que exista una obligación legal de compartirla con terceros.

Se trata, ni más ni menos, del derecho de privacidad consagrado en la mayor parte de las constituciones del mundo.

Si bien esto es absolutamente obvio, por momentos pareciera que lo olvidamos y convalidamos invasiones por parte de terceros (especialmente los Estados) a nuestra privacidad.

Filtraciones *onshore* vs. filtraciones *offshore*

En abril de 2017, un año después de *#PanamaPapers*, la cadena estadounidense líder de venta de videojuegos, GameStop sufrió el robo de información de usuarios.

¿Cómo título la prensa ese episodio? Como debió haberlo hecho también ante el robo de documentación que sufrió Mossack Fonseca: *"GameStop pudo haber sufrido el robo de tarjetas de créditos. La minorista de videojuegos investiga la posibilidad de que, entre septiembre de 2016 y febrero de 2017, 'hackers' obtuvieron información de pagos de sus clientes".*

GameStop fue colocado como una víctima más del robo, junto con los clientes. Los "malos", eran los hackers.

Cuando Facebook permitió la filtración de información confidencial de sus usuarios, todos se espantaron y el propio CEO de la compañía terminó dando explicaciones ante el Congreso norteamericano.

Es decir, de acuerdo con lo visto hasta aquí, tanto el robo de información por parte de hackers como la falta de cuidado de una empresa respecto de los datos privados de sus clientes están mal.

¿Por qué, entonces, cuando Mossack Fonseca o Appleby sufrieron el robo de información que no solo era privada de sus clientes, sino que además estaba protegida por el secreto profesional, en principio sin culpa de su parte, el público y los medios en su mayoría actuaron de otra manera?

En pocas palabras, por envidia y resentimiento. Porque los clientes de Mossack Fonseca y Appleby, en principio, son personas de alto poder adquisitivo.

Para la mayor parte de la gente es menos doloroso asumir que quien hizo dinero, lo hizo de manera ilegal; en lugar de pensar que quizás trabajaron más duro, arriesgaron más, fueron más eficaces de acuerdo con el criterio del consumidor, etc.

Y esta envidia y este resentimiento han sido promovidos por la OCDE y el ICIJ, organización que en teoría aglutina periodistas "de investigación" pero que se dedica a adquirir información robada, a punto tal que en la página principal de su sitio web incluye un botón con el texto "LEAK TO US". Patético, es poco.

Conclusiones preliminares sobre *#PanamaPapers* y *#ParadisePapers*

Mientras escribo estas líneas pasaron más de dos años de *#PanamaPapers* y varios meses de *#ParadisePapers*.

Si bien se trata de hechos relativamente recientes, de cualquier manera, hay algunas conclusiones importantes que ya pueden extraerse:

1. Los únicos delitos que se han cometido hasta el momento serían: (a) el robo de información y documentación que sufrieron Mossack Fonseca, Appleby y (b) la publicación de información que se sabe robada (en muchos países esto es un delito y en Argentina hay precedentes judiciales en tal sentido).

Eventualmente, las firmas de abogados víctimas del robo podrán tener responsabilidad con sus clientes por la forma en que conservaron y/o protegieron información y documentación privada, pero en todo caso es una cuestión entre esas firmas y sus clientes.

2. Con relación a los clientes de Mossack Fonseca y Appleby, no puede decirse que hayan cometido delito alguno ya que el uso de jurisdicciones *offshore* no es en sí mismo un delito, ni permite la sospecha de un delito. Si alguno de ellos en efecto hubiera cometido algún ilícito, no pudo haber consistido en el establecimiento de una estructura *offshore* sino en el uso que hizo de la misma. Esto es así porque, tal cual reconoce ICIJ en forma expresa en su website, no hay intrínsecamente nada malo en las sociedades *offshore* ni nada que las haga ilegales o las transforme en vehículos diseñados para cometer delitos. Se trata de vehículos jurídicos que sirven exactamente para lo mismo que las demás sociedades incorporadas en cualquier país del mundo: para desarrollar actividades comerciales.

3. El ICIJ debería hacerse cargo de los daños causados,

especialmente a Mossack Fonseca que, como consecuencia directa de *#PanamaPapers*, quebró.

Escándalo tras escándalo, va quedando claro lo que siempre hemos sostenido:

1. los llamados paraísos fiscales no juegan en absoluto un papel relevante en el financiamiento del terrorismo;
2. los paraísos fiscales tampoco han sido partícipes fundamentales en las mayores estafas que el mundo ha visto; y
3. los paraísos fiscales ni promueven ni facilitan la evasión fiscal.

En todo caso, la proporción de sociedades incorporadas en jurisdicciones de baja o nula tributación que han jugado algún rol en este tipo de cuestiones no es mayor a la proporción de sociedades incorporadas en jurisdicciones de alta tributación que lo han hecho.

Si analizamos los casos más mediáticos, como son *#PanamaPapers*, *#ParadisePapers*, el Lava Jato, Odebrecht, o la reciente confirmación de la participación de Qatar en el financiamiento de ataques terroristas, vamos a advertir con facilidad dos cosas:

1. que la inmensa mayoría de las sociedades constituidas en jurisdicciones *offshore* se utilizan con fines lícitos; y
2. que ni la corrupción ni el terrorismo precisan que existan este tipo de jurisdicciones para perpetuarse.

¿Por qué entonces tanta saña con las jurisdicciones de baja o nula tributación?

La respuesta es simple y hemos escrito al respecto en múltiples ocasiones: la existencia de países donde no hay impuestos o los mismos son extremadamente bajos pone un límite a los impuestos máximos que las demás jurisdicciones pueden establecer.

La tendencia actual hacia la reducción de impuestos corporativos a nivel global (ver los casos de Estados Unidos, India y los proyectos que existen en Alemania o Australia) no existiría de no ser por las jurisdicciones de baja o nula tributación. A ellas debemos agradecer que la competencia fiscal aún exista y que los países quieran diferenciarse unos de otros por los impuestos que cobran.

A nivel internacional, las jurisdicciones *offshore* vienen

siendo utilizadas como chivos expiatorios para no atacar verdaderos problemas de fondo. Así se sostiene maliciosamente que el terrorismo es culpa de los paraísos fiscales, no de los extremistas religiosos, que la corrupción es culpa de las sociedades *offshore*, y no de políticos y empresarios inescrupulosos que se aprovechan de los contribuyentes una y otra vez.

A nivel local, los países los usan de excusa para no atacar las verdaderas causas de los problemas, el siempre creciente gasto público y la existencia de regímenes jubilatorios o de seguridad fiscal total y absolutamente colapsados y al borde de la quiebra.

Inclusive se sigue atacando a las sociedades *offshore* cuando en realidad las mismas, técnicamente hablando, ya no existen más. Lo hemos visto en los primeros capítulos de este libro y lo repetimos aquí, para que quede claro. Tradicionalmente, las sociedades *offshore* eran sociedades comerciales establecidas en países que tenían un régimen impositivo diferencial según esas sociedades desarrollaran actividades en dicha jurisdicción o no (de allí la denominación "*offshore*") y que posibilitaban la emisión de acciones al portador.

Hoy en día, ninguna de estas características existe, y de hecho la mayor parte de los llamados paraísos fiscales decidió ser "*early adopter*" del CRS. Esto quiere decir, por ejemplo, que las Islas Vírgenes Británicas, las Islas Caimán o Bermuda comenzaron a intercambiar información al menos un año antes que Austria, Brasil o Nueva Zelanda, por citar algunos ejemplos.

Aún así, OCDE sigue empecinada en sus ataques y hay países retrógrados que siguen sus pasos, cediendo ante sus ilegítimas presiones. Entre ellos, uno de los casos más obvios es el de Uruguay, con su flamante Ley de Transparencia que tanto daño ha hecho y hará, más allá de su rimbombante denominación.

En definitiva, estos países y sobre todo el G-20 y la OCDE y el ICIJ, continúan manipulando información y/o mintiendo para fustigar injustamente a países que defienden la competencia fiscal simplemente porque no les cierran las cuentas ni remotamente y no quieren reducir el nivel de sus gastos o – en el caso de ICIJ – porque quieren espacio en los medios, etc.

Mienten sobre las características de las sociedades incorporadas en estas jurisdicciones y mienten sobre el rol que cumplen en los mercados financieros globales.

Deberían pedir disculpas, abandonar esta presión ilegítima, tanto sobre países y territorios soberanos que han decidido competir en materia fiscal como sobre usuarios de estos, y llamarse luego a silencio.

Pero no se puede pedir dignidad a quien no la tiene.

– XIV –

TRANSPARENCIA FISCAL FOR DUMMIES

Es indudable que, en la dicotomía entre transparencia y privacidad, quienes dominan el mundo financiero han decidido priorizar la primera. También es indudable que se trata de una decisión que no va a cambiar, sino que, por el contrario, dicha tendencia va camino a afianzarse, en algunos Estados más rápido que en otros.

A modo de ejemplo, mientras aún nos estábamos acostumbrando a la idea del intercambio de información automática, algunas jurisdicciones *offshore* establecieron registros (mayormente privados) o sistemas de almacenamiento de información respecto de los beneficiarios finales de sociedades, otros organizaron registros de trusts (i.e. Nueva Zelandia) y, mientras estábamos terminando de revisar y corregir este libro, el parlamento del Reino Unido emitió una resolución aumentando la presión sobre las jurisdicciones *offshore* que califican como "*British Overseas Territories*" para que hagan esos registros públicos[24].

En otras palabras, si analizamos cómo era la regulación existente en 2010 en materia de intercambio de información fiscal, secreto bancario, documentación de "*know your client*" que debía presentarse al abrir una cuenta bancaria tendremos que concluir que los cambios habrán sido impresionantes y que todavía nos encontramos en pleno período de transición.

Lo anterior de ninguna manera implica que no debamos aprovechar esta transición para implementar nuevas estructuras fiduciarias para nuestros clientes. Eso es precisamente lo que debemos hacer, porque hay estructuras hoy 100% legales que todavía podemos aprovechar y que posiblemente en el futuro no se puedan establecer.

Volvamos al tema de la transparencia fiscal para enumerar algunas pocas, pero importantes cuestiones:

[24] Estos territorios obviamente se han opuesto a esta "sugerencia" aduciendo que: (a) hacer estos registros –o sistemas de almacenamiento– públicos implicaría entregar una suerte de "*shopping list*" de personas de alto patrimonio a delincuentes y que (b) es mucho mejor contar con un registro privado protegido que con uno público sin ninguna protección.

- La primera es que, aun cuando mucha gente sostenga lo contrario, los dos sistemas que se han creado para instrumentar el intercambio de información fiscal (FATCA y CRS), no van a confluir o converger, o al menos no van a hacerlo en el corto plazo. Estados Unidos ha sido más que claro en cuanto a que, para ellos, FATCA es suficiente y no van a estar subscribiendo el acuerdo que promueve la OCDE. La principal consecuencia de ello es que Estados Unidos ha consolidado su posición como el centro offshore más grande del planeta, si entendemos como tales a aquellos Estados o jurisdicciones que promueven fiscalmente la llegada de dinero de no residentes y permiten el armado de sociedades u otras estructuras donde la identidad de los dueños quede en principio protegida. Al fin y al cabo, si en cuestiones tan simples como medir longitudes, pesas objetos o calcular la temperatura conviven pacíficamente y desde hace años dos sistemas, ¿por qué no podría ser el caso en este campo?

- FATCA (sigla que resume su nombre completo: *"Foreign Account Tax Compliance Act"*), fue aprobada por el Congreso de los EE.UU. y firmada por el presidente Obama en marzo de 2010. A diferencia de lo que muchos pueden suponer, el objeto primordial de FATCA es simplemente identificar cuentas financieras no declaradas pertenecientes a contribuyentes estadounidenses. Nada más. FATCA no fue creada con la intención de cobrar impuestos a las instituciones financieras del mundo para enriquecer la tesorería de los EE.UU. ni tampoco para recabar información de personas que no califican como contribuyentes estadounidenses. El "impuesto" del 30% que establece la norma en cuestión fue concebido como una sanción económica para las instituciones financieras que elijan NO participar en el régimen de reporte creado por FATCA.

- En otras palabras, FATCA fue adoptada como parte de un esfuerzo coordinado del gobierno de los EE.UU. para erradicar la evasión de impuestos por parte de sus ciudadanos y residentes fiscales y el impuesto o retención del 30% se ha colocado como incentivo para que todas las instituciones financieras del mundo decidan cumplir con FATCA.

- FATCA no debe, en principio, preocupar a no americanos – tengan o no ahorros o inversiones en EE.UU. – y menos aún a no americanos residentes en países que no han firmado un tratado con los EE.UU. para tendiente a implementar este régimen de una manera más eficiente. Este tipo de acuerdo, conocido como "IGA", permite a los países que lo han firmado obtener información básica – nunca similar a la entregada – de ciudadanos de sus respectivos países con inversiones en EE.UU. Nada que no pueda evitarse en forma sencilla (y legal) a través del armado de una estructura corporativa.

- Pasemos ahora al sistema de intercambio de información automático promovido por la OCDE. Enceguecidos por el gran éxito que alcanzó FATCA en tan poco tiempo, o quizás presionados por Estados Unidos para consolidarse como el más grande paraíso fiscal del mundo, los demás países que integran la OCDE (recordemos que Estados Unidos también la integra pese a no ser parte de CRS) decidieron ir un paso más allá y aprobaron un régimen de intercambio de información fiscal automático y multilateral que presenta varios aspectos que merecían – cuando menos - un análisis más profundo. Dicho régimen se conoce como *Standard for Automatic Exchange of Financial Account Information* o simplemente "CRS". La mayor novedad del nuevo standard no se encuentra tanto en el intercambio automático de información (algo que, si bien hasta hace pocos años era impensado, de a poco se constituyó en la norma) sino en la multilateralidad: CRS es el primer acuerdo multilateral que establece el intercambio de información financiera con fines impositivos entre más de cien Estados. La otra gran diferencia respecto de FACTA es que se trata de un intercambio simétrico donde cada país provee la misma información que recibe (FATCA no lo es porque Estados Unidos comparte mucho menos información de la que recibe). En definitiva, CRS es un esfuerzo global de acuerdo con el cual los países que apoyan esta iniciativa intercambiarán automáticamente información sobre cuentas bancarias, en algunos casos desde el 1 de enero de 2016 y en otros desde el 1 de enero de 2017. Las fechas en las cuales se llevarán a cabo estos intercambios serán septiembre de 2017 y septiembre de 2018 respectivamente y la información que se intercambiará incluirá información sobre el/los titular(es) de las cuentas, saldos al 31 de diciembre de cada año y ganancias generadas durante el mismo. Este intercambio, a diferencia de los que se dan sobre la base de acuerdos bilaterales entre países, no incluyen activos distintos de cuentas bancarias y no son a pedido de parte. Las entidades financieras informarán a los gobiernos de sus países y estos intercambiarán la información de gobierno a gobierno, todo en forma automática.

- Eso sí, CRS establece una serie de condiciones para que pueda darse el intercambio antes descripto. Entre ellas, se destacan las siguientes: (a) la información intercambiada puede ser utilizada exclusivamente para fines impositivos; y (b) los países que forman parte de CRS deben asegurar que cuentan con la tecnología de IT y con los procesos necesarios y suficientes para asegurar la confidencialidad de dicha información tanto al momento de recolección como durante su intercambio o posterior uso por parte de la jurisdicción receptora de la misma. Es decir, la información solo podrá ser intercambiada cuando quien la va a recibir pueda asegurar que la misma va a ser utilizada solamente para fines tributarios, así como que no se va a filtrar de ninguna manera.

- En definitiva, y como decíamos anteriormente, hoy conviven dos sistemas de intercambio de información. Dadas las características de cada uno de ellos, es evidente que –al menos durante este período de *"wait and see"*– cualquier ahorrista o inversor va a ver su privacidad más protegida en EE.UU. que en cualquier otra plaza financiera, a menos que opte por operar cuentas bancarias en Bahréin, Cook Islands,

Nauru o Vanuatu, todos países que han manifestado que por el momento no piensan subscribir al régimen de intercambio e información establecido por OCDE.

Para ejemplificar lo explicado hasta aquí, unos meses después de cerrada la amnistía fiscal argentina, un conocido que había estado preocupado por no haber incluido en su "blanqueo" acciones correspondientes a un fondo de inversión *offshore* me comentó, al pasar, que se había quedado tranquilo luego de que su contador le explicara qué quería decir "intercambio automático de información fiscal".

Dado que de haber entendido correctamente cómo funcionaba CRS, esta persona debería haberse puesto más nerviosa aún en lugar de tranquilizarse, preferí preguntarle qué era lo que le habían explicado. Muy suelto de cuerpo, me confirmó que su contador le había dicho que la única diferencia entre el intercambio automático de información fiscal bajo CRS y el sistema tradicional a requerimiento era que, en este último caso, había que pedir venia judicial (lo cual es cierto) y que, en el nuevo régimen, el intercambio se daría directamente entre autoridades fiscales, sin intervención de la justicia. En ambos casos, le dijo el "experto", era necesario que exista un pedido de la autoridad fiscal local en el contexto de una investigación contra el contribuyente de que se trate. Grave error que puede causar enormes perjuicios a sus clientes.

Es claro que, si bien muchos asesores sin experiencia internacional – tanto contables como legales – se han acostumbrado a oír el nombre "CRS", no saben a ciencia cierta cómo se va a dar en la práctica este intercambio de información.

¿Cómo funciona CRS realmente, entonces?

El intercambio automático de información fiscal es, valga la redundancia, automático.

Esto quiere decir, y es importante ser muy claros aquí, que no se precisa absolutamente ningún pedido de información de nadie. Es decir, una vez que CRS entre en vigencia entre dos países determinados, los datos van a fluir en forma anual entre las autoridades fiscales de ambos.

Aclarado ello, pasemos a analizar qué información se va a intercambiar, qué recaudos se van a tomar, etc.

Tomemos el caso, por ejemplo, de Suiza y Chile, con la aclaración de que la explicación que sigue es válida para el resto de los adherentes al sistema CRS (en la actualidad más de 100 países y jurisdicciones, incluyendo Uruguay, Panamá, BVI, Islas Caimán, etc.).

Cada año, en el mes de abril, los bancos suizos van a entregar determinada información sobre sus clientes extranjeros (en este caso, con residencia fiscal en Chile) a las autoridades fiscales suizas. Después, y sin que medie pedido de ninguna clase, las autoridades fiscales suizas enviarán esta información a sus colegas en Chile. Esto sucederá en septiembre de cada año.

Los datos que se va a intercambiar son los siguientes:

- información personal del cliente (nombre, domicilio, número de identificación tributaria, lugar y fecha de nacimiento, etc.);
- número de identificación del Banco;
- número de cuenta bancaria;
- el balance de la cuenta al final del año; y
- las ganancias obtenidas en el período.

No se va a informar los productos financieros en los cuales los contribuyentes han invertido ni en qué han gastado su dinero.

La información se intercambia encriptada y solo puede ser

utilizada con fines fiscales.

Si alguno de los países, supongamos Chile, no protege la información recibida o la usa con otros fines, el otro país, en este caso Suiza, podría interrumpir la provisión de información.

Hasta aquí, vimos el caso más sencillo, es decir aquel en el cual la cuenta en el extranjero (en este caso en Suiza) está abierta a nombre del contribuyente argentino, chileno o colombiano, pero ¿qué pasa si los activos financieros se encuentran a nombre de una sociedad o dentro de un *trust*?

En el caso de que la cuenta esté a nombre de una sociedad o de un *trust*, a grandes rasgos pasaría lo siguiente (digo a grandes rasgos porque, como hemos visto anteriormente, existen diferentes tipos de *trust* y eso genera diferencias a la hora de hacer el reporte bajo CRS):

- Si la sociedad es una sociedad de renta pasiva (básicamente las típicas sociedades *offshore* constituidas a los efectos de ser titulares de activos financieros), los bancos suizos van a tener que aportar la información antes mencionada respecto de cada uno de los individuos que califiquen como "*controlling person*". En el caso de sociedades en las cuales alguna persona tenga al menos el 25% de las acciones, esa/s persona/s serán las "*controlling persons*", o controlantes. Cada una de ellas era informada a su país de residencia. De no haber ninguna persona que cumpla con este requisito, serán informados los directores de la sociedad.

- Si la sociedad fuese activa, es decir si la misma desarrollase una actividad comercial/empresarial generadora de renta activa, entonces dicha sociedad estará excluida del régimen de intercambio de información fiscal.
- En el caso de que la cuenta estuviera abierta a nombre de un *trust*, o de una sociedad cuyas acciones hubiesen sido colocadas en *trust*, entonces el banco no deberá informar nada, pero sí deberá hacerlo el *trustee*, en este caso, no a las autoridades fiscales suizas sino a las correspondientes a su domicilio.
- Existen otras excepciones al régimen de intercambio automático de información fiscal, como ser las compañías o fondos de inversión cuyas acciones cotizan en bolsa.

En definitiva, bajo CRS prácticamente todos los activos financieros van a ser reportados sin que sea necesario para ello pedido de autoridad fiscal o judicial alguna.

Se trata de un sistema global, recíproco y automático que prácticamente no deja estructura fiduciaria o situación sin regular y que deja muy pocos *loopholes*. El mayor de ellos es sin dudas la no adhesión de Estados Unidos.

SOBRE EL AUTOR

Martín Litwak es un abogado especializado en planificación patrimonial, fiscalidad internacional y estructuración de fondos de inversión.

Es el fundador de **Untitled** (anteriormente conocida como "Litwak & Partners") y actualmente se desempeña como CEO de la firma.

También, es CEO de **Smart Structuring**, una compañía de software as a service que desarrolló una plataforma de *Blockchain* que permite almacenar y administrar trusts de manera segura, perpetua y transparente.

En 2020, Martin creó el *think tank* llamado "The 1841 Foundation", cuyos objetivos son promover la competencia fiscal entre países, así como el fortalecimiento de los derechos de propiedad y privacidad alrededor del mundo.

Martín Litwak obtuvo su título de abogado cum laude en la Universidad de Buenos Aires (Argentina) en 1998 y, dos años más tarde, su maestría en finanzas en la Universidad del CEMA (Argentina), en donde actualmente trabaja también como docente. Posteriormente, su práctica profesional también fue habilitada en Inglaterra & Gales y en las Islas Vírgenes Británicas.

A lo largo de su dilatada carrera profesional, durante la cual vivió y trabajó en Argentina, en las Islas Vírgenes Británicas, en Uruguay y finalmente en Estados Unidos, Martín Litwak se ha concentrado mayormente en el asesoramiento a familias de alto poder adquisitivo (HNW y UHNW) con respecto al establecimiento y administración de estructuras fiduciarias.

También ha establecido cientos de fondos de inversión para gestores de fondos basados o con inversiones en América Latina y ha estado activo en fusiones y adquisiciones multi-jurisdiccionales, transacciones financieras de diferente índole (*venture capital, project financing, structured finance,* IPOs, etc.), amnistías fiscales y asesoramiento jurídico vinculado a cripto-activos y *Blockchain*.

PALABRAS FINALES

Sin lugar a duda, el libro genera lo que pocos textos logran: cuando uno lee la última palabra es inmediatamente invadido por una fuerte sensación de satisfacción. El libro no solo aborta temas que nutren el más profundo conocimiento general sino que además se explaya sobre cuestiones patrimoniales que los gobiernos siempre han intentado evitar, bastardear, denostar y hasta criminalizar.

La política y sus dirigentes se han profesionalizado en el arte de esquilmar a los contribuyentes bajo las banderas de la redistribución del ingreso, de la igualdad, de las "oportunidades para todos" y de un supuesto mundo más justo. Cuestiones tan elementales como la protección del derecho de propiedad, la defensa de lo equitativo, de la meritocracia y de la libertad (no solo económica, desde ya) ameritan explicarse, comentarse y defenderse. Esta tamaña y dificultosa misión tiene su correlato en esta obra de lujo que nos ha brindado mi gran amigo Martín Litwak, en palabras sencillas logrando no omitir absolutamente ningún concepto.

Riqueza, sociedades off-shore, planificación patrimonial y un sinfín de cuestiones relacionadas a la protección de nuestros activos son explicados con una claridad única permitiendo (para quién aún lo invadía alguna duda) entender las bondades de cada uno de ellos, sin ideología ni partidismos que empañen la verdad.

Tener en claro que nos gobiernos no son dueños de nuestro patrimonio, de nuestra producción y de nuestro esfuerzo genuino es tan importante y fundamental como comprender que somos libres. La lectura de esta colosal obra que ayudará a entenderlo todo: el robo agazapado detrás de cada ley impositiva amerita analizar cada una de las alternativas para evitar seguir viendo como nuestro esfuerzo se escurre entre la sed de recursos de quienes nos gobiernan.

Simplemente, gracias.

Manuel Adorni

BONUS TRACK

– A –

LOS 10 IMPUESTOS MÁS RIDÍCULOS DE LA HISTORIA

Creatividad Fiscal

Quienes creemos firmemente en las libertades individuales, y por ende vemos al Estado simplemente como un mal necesario, tenemos serias reservas contra prácticamente todos los impuestos que existen hoy en día.

Si bien podemos aceptar la existencia de algunos de ellos, en cuanto proveen el financiamiento que el Estado precisa para desempeñar sus funciones básicas, definitivamente perdemos la línea cuando se utilizan excusas políticamente correctas, como ser redistribución de la riqueza o la justicia social, para justificar la existencia de más tributos de los estrictamente necesarios.

En algunos casos, no obstante, supongo que aun los amantes de los Estados gigantescos y voraces estarán de acuerdo con nosotros; y en este capítulo nos vamos a referir precisamente a esos que no ofrecen demasiadas dudas en cuanto a su arbitrariedad.

Es que la imaginación de gobiernos y autoridades fiscales a la hora de crear nuevos impuestos es sumamente rica y la historia nos muestra ejemplos de una creatividad tal que impresiona.

Por suerte, en muchas ocasiones la imaginación de los contribuyentes ha sido incluso mayor a la del Estado.

Veremos a continuación los diez impuestos más ridículos de la historia y sus consecuencias.

Top-10

- **Impuesto sobre las chimeneas**: Corría 1662 y la Inglaterra de Carlos II, recientemente restaurado en su trono, andaba corto de fondos (algo que suele suceder a los gobernantes sin distinción histórica ni geográfica). Por entonces, las viviendas se calefaccionaban con hogares y estufas. Al monarca se le ocurrió establecer el siguiente impuesto: dos chelines por cada hogar y estufa en las casas de Inglaterra y Gales. Los llamados "*chimney-men*" inspeccionaban por dentro cada vivienda para contar los fuegos. Una de las principales críticas que despertó este impuesto fue que el dinero recaudado iba directo al bolsillo del rey y no a las arcas del reino. Si bien el impuesto fue abolido en 1689, es importante destacar que para entonces ya estaba vigente el impuesto a las ventanas, al cual nos referiremos seguidamente.

- **Impuesto a las ventanas**: Es uno de los más claros ejemplos de impuestos destinados a castigar a quienes más tienen, que terminan castigando a los que menos poseen. Fue aprobado en Inglaterra en 1696 (los números del reino seguían en rojo pese a la instauración del Impuesto sobre las chimeneas) y sus consecuencias fueron nefastas. ¿Cuáles fueron estas consecuencias? En el corto plazo, quienes se negaban a pagar el impuesto empezaron a tapiar sus ventanas, algo que aún puede verse hoy en día. En el mediano plazo, los ingleses comenzaron a construir viviendas con menos ventanas, lo cual afectó el bienestar y la salud de la población. De hecho, hay estudios que demuestran que las malas condiciones sanitarias derivadas de la falta de una ventilación apropiada y aire fresco fomentaron la propagación de numerosas enfermedades, entre las que se encontraron la gangrena y el tifus. Lo más ridículo fue que el impuesto no se puso en cabeza de los propietarios de las viviendas sino de los ocupantes, con lo cual terminaron empeorando las condiciones de vida de los más pobres, que eran los inquilinos. Por cierto, se trataba de un impuesto progresivo: no se pagaba si había menos de 10 ventanas; era de 6 peniques por ventana si había entre 10 y 14; 9 peniques si había entre 15 y 19; y un chelín si había 20 ventanas o más (en 1797 estos montos se triplicaron). Lo más triste del caso es que parece que hay gente que no escarmienta, porque este impuesto – que en Inglaterra estuvo vigente hasta 1851 – reapareció en el México gobernado por Antonio López de Santa Anna solo tres años más tarde (en 1854), cuando los impuestos que el dictador había establecido sobre perros y demás habían demostrado ser insuficientes.

- **Impuesto al té**: Los ingleses han sido desde siempre grandes bebedores de té (y, tal cual vimos hasta aquí, grandes creadores de impuestos). Por ello, no sorprende que en 1689 el gobierno inglés decidiera recaudar dinero estableciendo un costoso impuesto sobre las hojas de té. En algún momento, este impuesto superó el valor neto del producto. La medida trajo como consecuencia un auge en el contrabando de té, así como la venta de uno "falso", producido con estiércol de oveja.

- **Impuesto al vello facial:** Históricamente, los rusos habían lucido largas barbas. Pedro I (también conocido como Pedro el Grande) estaba en contra de esta moda y, para combatirla, creó el impuesto a la barba, allá por 1698. El impuesto ascendía a 100 rublos por año y, quienes lo pagaban recibían una medalla con la frase: "*La barba es una carga inútil*". Obviamente se trató de un tributo fácilmente evitable ya que era mucho más sencillo afeitarse que tapiar una ventana.

- **Impuesto a los sombreros:** Unos años más tarde, concretamente en 1784, el parlamento inglés aprobó la creación de otro impuesto vinculado a la moda: el impuesto al sombrero, que curiosamente solo pagaban los caballeros, pero no las damas. Como suele pasar, este nuevo impuesto trajo de la mano ridículas regulaciones que obligaban a los fabricantes de sombreros a adquirir una licencia para producir y comercializar sombreros. Esta impuesto, cuya evasión estaba castigada con la pena de muerte, dio origen al boom de la industria de los "*tocados*". Tan solo 12 años después se aprobó el impuesto sobre las pelucas, impuesto que obviamente – y tal cual adelantábamos más arriba – destruyó esta incipiente industria.

- **Impuesto al colorete**: Sobre finales del Siglo XVIII, el emperador José II (de Austria), gravó el uso de colorete para las mejillas al comprobar que cada dama gastaba cien florines al año en este tipo de producto. También estableció impuestos a los polvos para el cabello y el lápiz de labios.

- **Impuesto a jabones, perros y velas**: Desesperado por reunir dinero para financiar la guerra contra Francia, el primer ministro británico William Pitt implementó nuevos impuestos, incluidos el aplicado al jabón, a los perros, a las velas, a los relojes de pared, a la seda y a las empleadas domésticas.

- **Impuesto a los pisos**: En Francia, el impuesto a la propiedad inmueble se pagaba en proporción al número de pisos que había por debajo de la línea del tejado. Así, el último piso, la famosa bohardilla que quedaba cubierto por el tejado de la mansarda, era libre de impuestos.

- **Impuesto a las vacas**: Se trata de un impuesto establecido hace algunos años que grava la tenencia de vacas en Europa. La justificación de este tributo se relaciona con el hecho de que las flatulencias de estos animales son responsables de la emisión de gases invernaderos. Dinamarca tiene el impuesto más alto; US$110 por ejemplar.

- **Impuesto por no fumar**: Cerramos nuestro Top-10 con otro ejemplo reciente, pero no por ello menos ridículo como los anteriores. En la provincia China de Hubei se implementó un impuesto por no fumar con el objetivo de sostener los ingresos del Estado, ya que la crisis de 2009 motivó que mucha gente dejara de comprar cigarrillos y por ende el Estado dejó de percibir los impuestos asociados a la venta de dicho producto. Los chinos intentaron primero obligar a cierto tipo de contribuyente a comprar cigarrillos y, ante la imposibilidad de mantener esta respuesta en el tiempo, creó el insólito impuesto al "no hecho imponible".

Podemos apostar por la creatividad de la voracidad fiscal y asumir que, de acá a algunos años, cuando sea hora de actualizar este listado, habrá otros ejemplos iguales o más ridículos que los de esta lista.

A modo de conclusión, ninguno de estos impuestos logró solucionar los problemas de fondo en nombre de los cuales fueron introducidos. Por el contrario, si causaron problemas de salud, contrabando, la aparición de falsificaciones y/o la destrucción de industrias incipientes.

Nada nuevo bajo el sol.

– B –

UNA PRIMERA APROXIMACIÓN AL NEFASTO IMPUESTO A LA HERENCIA

1. Introducción.

Generalmente, los impuestos son justificados desde cuatro puntos de vista diferentes. Se dice que son necesarios para:

a. solventar los gastos en los que el Estado debe incurrir para desarrollar aquellas funciones que tiene a su cargo (las cuáles deberían limitarse – según explica **Adam Smith** – a proporcionar seguridad jurídica y seguridad física y a cumplir subsidiariamente aquellas funciones incompatibles con los beneficios individuales que se espera de la iniciativa privada);

b. fomentar o disuadir ciertas acciones/conductas (clásicos ejemplos de este tipo de impuesto son los impuestos al cigarrillo, a la comida chatarra y a la contaminación ambiental);

c. financiar el déficit fiscal o aumentos del gasto público originados por cuestiones extraordinarias (i.e. guerras y/o catástrofes naturales); y/o

d. redistribuir recursos entre la población.

De más está decir que, desde mi punto de vista, solo la primera justificación es valedera.

En el caso específico del impuesto a la herencia, el único argumento de fondo que se ha esbozado para justificar su existencia es el último.

2. Principales problemas que acarrea el Impuesto a la Herencia

El impuesto a la herencia presenta varios problemas, muchos de los cuales no son solucionables y fundamentan la eliminación del tributo en los países que existe, así como su no implantación en los que no lo prevén.

Pasemos a enumerar estos problemas uno por uno:

- el impuesto a la herencia castiga el trabajo y desincentiva tanto el ahorro como la inversión;

- en países donde el mínimo no imponible no es muy alto (como sucede en Argentina, en España o en Ecuador), es muy habitual que quien hereda un bien (o, mucho peor, una parte de un bien), deba venderlo o endeudarse para pagar el impuesto; y

- el impuesto a la herencia es un clarísimo caso de doble tributación ya que quien fallece ya ha pagado impuestos en el momento de adquisición o generación del activo de que se trate.

Los argumentos de quienes apoyan el impuesto a la herencia son tan erróneos que no hacen más que jugar a favor de quienes mantenemos una postura absolutamente contraria.

Los que más seguido se repiten son los siguientes:

- el impuesto a la herencia afecta a personas que no han hecho nada para merecer los bienes que van a heredar, más allá de haber nacido en la familia adecuada; y

- es justo que una parte de la riqueza de las personas vaya para el Estado ya que aquel, de un modo u otro, contribuyó para que los ricos acumulasen esas fortunas.

Sin entrar en largas discusiones filosóficas, que ganaríamos, ambos argumentos quedan sin justificación si consideramos que:

- el impuesto a la herencia es un caso de redistribución de los ingresos llevada al extremo ya que quien ha fallecido no puede beneficiarse ni siquiera indirectamente de ella; y

- el argumento de que un impuesto debe pagarse simplemente porque el obligado "puede" o "tiene posibilidad económica" de hacerlo, es ridículo en un estado de derecho (quizás en la época del feudalismo medieval alguien podría estar de acuerdo con esto).

3. El impuesto a la herencia en América Latina y en el resto del mundo.

Si bien a nivel global hay varios países que cobran este impuesto, en algunos casos con alícuotas más que importantes (55% en Japón, 50% en Corea, 45% en Francia, 40% en los Estados Unidos, etc.), lo cierto es que no son muchos los países que hoy en día gravan los incrementos patrimoniales a título gratuito (i.e. herencia, donación, etc.).

En América Latina, hay varios.

Entre ellos, quizás los ejemplos más destacados sean los de Brasil (cuyas tasas oscilan entre el 4% y el 8%), Colombia (10%), Chile (hasta el 25%), Guatemala (también hasta el 25%) y Venezuela (hasta el 55%). En estos últimos tres casos, la tasa que finalmente resultará de aplicación dependerá tanto del valor de los bienes en cuestión como de la relación/cercanía entre el causante y los herederos.

El caso de Argentina, por su parte, es algo diferente, ya que hay solo dos provincias que lo han adoptado hace relativamente poco tiempo.

Se trata de Buenos Aires (que lo hizo durante el gobierno de Scioli en septiembre de 2009) y la de Entre Ríos (que lo adoptó en enero de 2013, durante el gobierno de Urribarri). En este último caso, sin embargo, este impuesto fue derogado a través de la Ley provincial 10.553, promulgada en enero de 2018.

En el caso de la Provincia de Buenos Aires, que en definitiva es el único ejemplo de este impuesto en Argentina hoy en día el impuesto se aplica cuando se verifica alguno de los siguientes supuestos: (a) el beneficiario de la herencia, de la donación o del legado se domicilia en la mencionada provincia; o (b) sin perjuicio de donde se domicilie el beneficiario, se transfieren bienes situados en la provincia.

Dado que el mínimo no imponible es bajo ($430,564 por heredero cuando se trate de padres, hijos o cónyuge supérstite), aquello de que solo los ricos (o mejor dicho los hijos de los ricos) lo pagan es claramente falso y demagógico.

En México, finalmente, si bien hoy en día no hay un impuesto a la herencia *per se*, en el caso de no residentes mexicanos que hereden acciones de sociedades mexicanas o inmuebles ubicados en México, van a tener que pagar el impuesto a las ganancias.

Volviendo al caso de los Estados Unidos, para finalizar, si bien el impuesto llega al 40%, hay un límite no imponible muy elevado gracias al cual se calcula que menos del 0,2% de las herencias pagan este impuesto.

Eso sí, tal cual se explicó al comienzo del presente libro, los no residentes con inversiones en Estados Unidos no pueden beneficiarse de estos mínimos no imponibles y de allí que sea absolutamente fundamental que cualquier extranjero con activos allí estructure legalmente su inversión de manera de que la misma no quede sujeta a este impuesto.

– C –

REGISTROS DE BENEFICIARIOS FINALES DE SOCIEDADES

La eterna lucha entre el BIEN y el MAL

Quienes llegaron a este capítulo, deben estar cansados de nuestras constantes referencias a la eterna lucha entre el BIEN (encarnado por las jurisdicciones de baja o nula tributación que promueven la competencia fiscal y defienden los derechos a la propiedad y a la privacidad de los individuos) y el MAL (integrado por países sumamente ineficientes en el uso de sus recursos y por ende promotores de altos impuestos, del innecesario intercambio automático de información sensible de los contribuyentes, etc.).

¿Por qué hacemos nuevamente mención a las tensiones existentes entre países de alta y baja (o nula) tributación?

Simplemente porque la creación de registros y/o sistemas de almacenamiento y búsqueda de información sobre beneficiarios finales de sociedades incorporadas en jurisdicciones *offshore* no es un hecho aislado sino un nuevo capítulo de este clásico *"offshore centers vs. OCDE"*.

La decisión de BVI

Ejemplificaremos este tema a partir de lo que ha sucedido el año pasado en las Islas Vírgenes Británicas.

Desde que, por iniciativa del entonces Primer Ministro Cameron, el Reino Unido creó un registro de beneficiarios finales de sociedades incorporadas allí, las presiones sobre las dependencias de la Corona Inglesa – entre ellas BVI – fueron en aumento (de hecho, mientras terminábamos de corregir este libro, el parlamento inglés aumentaba la presión, buscando que estas dependencias establezcan registros públicos de beneficiarios finales).

La respuesta inicial del *Premier* de BVI fue que, si bien la jurisdicción apoyaba la lucha contra el terrorismo, el lavado de dinero e inclusive la evasión fiscal, también defendía a rajatabla la privacidad de las personas que desarrollan actividades comerciales licitas y por ende solo accedería a crear un registro similar al inglés en cuanto el resto de las jurisdicciones *offshore* de origen británico así lo hiciera.

En dicha respuesta, el *Premier* enfatizaba también que BVI tenía por entonces 28 tratados activos de Intercambio de

Información Fiscal y que había sido una de las primeras jurisdicciones en sumarse al *Common Reporting Standard* promovido por la OCDE.

Luego de dicha primera respuesta se entablaron negociaciones con el Reino Unido que culminaron con la firma de un acuerdo el 9 de abril de 2016.

Como consecuencia directa de dicho acuerdo, el Gobierno de BVI aprobó una norma conocida como *"Beneficial Ownership Secure Search System Act, 2017"* (la "**Ley BOSS**"), la cual requiere que todos los Agentes de Registro de BVI (que son quienes incorporan y administran las sociedades allí constituidas) carguen en una plataforma o base de datos información específica sobre los dueños finales de cada sociedad de BVI bajo su administración que haya estado activa desde el 1 de enero de 2016 en adelante.

La Ley BOSS, y por ende la plataforma o base de datos antes mencionada, conocida como el *"Beneficial Owner Secure Search System"* ("**Plataforma BOSS**"), se encuentran activos desde el 30 de junio de 2017.

Implicancias Prácticas

Los primeros puntos que hay que aclarar con relación a la

Plataforma BOSS son los siguientes:

1. no todo accionista califica como "Beneficiario Final" o "UBO";
2. no toda sociedad debe informar sus UBOs; y
3. no cualquier persona puede solicitar acceso a la información subida a la Plataforma BOSS.

Comencemos por el primer punto.

De acuerdo con los términos de la Ley Boss, "Beneficiario Final" es cualquier persona natural/física que es dueña o controla directa o indirectamente el 25% o más de las acciones o derechos de voto de la sociedad de BVI de que se trate. Esto está en línea con CRS.

Identificar accionistas que posean acciones equivalentes al 25% o más del capital de una sociedad incorporada en BVI no es algo novedoso en absoluto, sino que ya era una obligación que tenían los Agentes Residentes (de hecho, el límite es el 10%); la diferencia ahora es que hay que subir esa información a la Plataforma BOSS.

Con respecto a cada "Beneficiario Final" se requiere informar lo siguiente:

1. nombre;
2. dirección;
3. fecha de nacimiento; y
4. nacionalidad.

Los clientes deben informar al Agente de Registro de cualquier cambio en la tenencia accionaria final o en la información de los "Beneficiarios Finales" dentro de los quince (15) días siguientes a que se enteren de dichos cambios, indicando la fecha en que ocurrieron los mismos. El Agente de registro debe entonces tomar las acciones necesarias para la información existente en el Sistema Boss dentro de los quince (15) días siguientes a que haya sido notificado de los cambios. La ley impone penalidades estrictas para quienes no cumplan con estas obligaciones.

Otro punto interesante que no debe pasarse por alto es que cuando las acciones de una sociedad constituida en BVI han sido transferidas a un *trust*, los datos a consignar son los del *trustee*, y no los del *settlor* ni los de los beneficiarios, lo cual es lógico.

Las siguientes autoridades competentes son las únicas que pueden solicitar una búsqueda de información en la

Plataforma Boss:

1. la Comisión de Servicios Financieros de BVI (*Financial Services Commission*);
2. la Oficina del Procurador General de BVI (*Attorney General's Chambers*);
3. la Autoridad Fiscal Internacional de BVI (*International Tax Authority*); y
4. la Agencia de Investigación Financiera de BVI (*Financial Investigation Agency*).

La Plataforma BOSS NO es un registro, es absolutamente privada y cumple con los más exigentes estándares internacionales en materia de protección de información electrónica. Adicionalmente, se exige a quien vaya a ingresar a la Plataforma BOSS a que lo haga desde una ubicación segura y utilizando un equipo de computación también seguro.

El acceso a la información incluida en la Plataforma BOSS por cualquier persona no autorizada es un delito castigado con pena de prisión.

Quienes tengan acceso a la Plataforma deberán jurar que guardarán confidencialidad ante el Ministro de Finanzas de

BVI (quien es, a su vez, el *Premier*).

Como señalamos al comienzo de esta sección, no todas las sociedades de BVI van a estar sujetas a la Ley BOSS.

Las siguientes sociedades (así como sus subsidiarias) estarán exentas de la obligación de subir UBOs a la Plataforma BOSS:

a. fondos de inversión;
b. otras sociedades supervisadas por la Comisión de Servicios Financieros de BVI; y
c. sociedades cuyas acciones coticen en bolsa.

Conclusiones

Es claro que el mundo va hacia una transparencia casi obscena, donde querer mantener privacidad sobre determinado activo, por las razones que fueren, es percibido como la admisión *sine qua non* de que quien pretende actuar de esa manera no busca resguardarse, sino que ha cometido un delito que intenta tapar.

Es una pena que esto sea así porque hay decenas de razones por las cuales una persona podría tener interés en mantener cierta información confidencial (inseguridad jurídica, integridad física, cuestiones comerciales, cuestiones sucesorias, etc.).

Ante este oscuro panorama, la buena noticia aquí es que BVI nuevamente encontró la manera de conformar al Reino Unido (y a sus socios, los países de alta tributación) y al mismo tiempo proteger lo más posible la privacidad de quienes decidan usar dicha jurisdicción para establecer sociedades.

Al menos por ahora.

– D –

MORALIDAD TRIBUTARIA

Moral e Impuestos

Muchas de las discusiones que existen hoy en día sobre cuestiones impositivas desaparecerían si la gente entendiera que no hay (ni debe haber) vinculación alguna entre moral e impuestos.

El origen de los impuestos, en efecto, no debe buscarse en un mandato ético o divino, sino en la simple necesidad de los Estados de financiar los servicios básicos que deben prestar a los contribuyentes, así como su infraestructura.

Tenemos que empezar a pensar al Estado como un gran consorcio en el cual todos somos copropietarios. Se recauda para pagar gastos.

Punto.

Moral y Dinero

Tampoco existe una relación entre moralidad y dinero.

Quien tiene dinero, no por ello tiene menos ética que quien no lo posee.

Mientras escribo estas líneas, viene a mi mente una de las frases más recordadas de entre las que se atribuyen a Confucio.

Para quienes no lo conocen, Confucio fue un filosofo chino; fue el creador del confucianismo y una de las figuras más influyentes de la historia de ese país y posiblemente del mundo.

Entre otras muchas frases de su presunta autoría, la siguiente me llamó siempre la atención: *"en un país bien gobernado, la pobreza es algo que avergüenza. En un país mal gobernado, la riqueza es algo que avergüenza"*.

Tener dinero en la mayor parte de los países que integran América Latina genera – además de los riesgos a los que nos hemos referido a lo largo de esta obra – vergüenza.

En países más desarrollados y con mayor movilidad social, quienes están circunstancialmente abajo en la estructura social creen que algún día pueden estar en el otro extremo. Ese optimismo, justificado o no, hace que admiren en lugar de criticar a quienes más tienen. Y, por ello, quienes poseen más dinero no hacen esfuerzos para ocultar su riqueza (más allá de que obviamente van a estructurar su patrimonio de manera de lograr cierta protección frente a terceros, resolver cuestiones sucesorias y alcanzar una mayor eficiencia fiscal).

Desde el punto de vista de la planificación patrimonial, esto implica que, mientras en los países desarrollados los objetivos principales de los clientes tienen que ver con la sucesión o con cuestiones impositivas, en América Latina el objetivo principal es resguardar la privacidad y evitar las consecuencias de la falta de seguridad jurídica.

Pero volvamos al tema impuestos.

Impuestos y Legalidad

Por el contrario, sí hay una relación entre impuestos y legalidad.

Por más que a mi me guste (y piense que sea mucho mejor para cualquier país) que el sistema tributario sea sencillo y que los impuestos sean bajos, si la ley me obliga a pagar un impuesto, DEBO HACERLO.

No soy en absoluto partidario de una rebelión fiscal, pero entiendo y respeto esa postura (como cualquier otra).

En mi humilde modo de ver, sin embargo, la ley está para ser cumplida y ya tenemos bastantes problemas en la región en materia de seguridad jurídica como para olvidar eso.

Sí, voy a seguir militando para que los países latinoamericanos se transformen, algún día, en países con impuestos razonables.

Acerca del derecho de todo individuo de conservar sus ahorros fuera del país

Más allá del ruido que el tema pueda hacer a algunos, más que nada por envidia y/o prejuicios, no hay ley alguna que obligue a un funcionario público (a nadie en realidad) a tener sus ahorros depositados en entidades financieras locales.

Las únicas dos cosas relevantes son:

a. si los fondos de que se trate han sido ganados en forma lícita y

b. si están correctamente declarados ante las autoridades impositivas del país. De ser así, no importa en absoluto en qué país están custodiados, en qué activos están invertidos, etc.

A aquellos que repiten como loros que una de las razones por las cuales ministros y demás funcionarios del gobierno argentino – por citar un ejemplo – tienen el dinero afuera es para pagar menos impuestos, les recuerdo que Argentina ha adoptado hace décadas el sistema de renta global por la cual un residente fiscal argentino paga por sus activos y ganancias independientemente de si las mismas están en Argentina o el exterior. A esto se suma que, a partir de la última reforma fiscal, ya no es posible diferir el pago del impuesto a las ganancias a través de la mera interposición de una sociedad offshore controlada por el residente fiscal del que se trate.

Respecto de aquel otro argumento (falso también) según el cual como los funcionarios tienen su dinero afuera, no llegan inversiones al país de que se trate, los inversores institucionales extranjeros no preguntan dónde tienen la plata los funcionarios a la hora de decidir una inversión. Ellos entienden que se trata de una cuestión personal de cada uno y solo se fijan si el país donde van a invertir ofrece, o no, seguridad jurídica.

Finalmente, exigir a ministros con poder sobre la Economía de un país que dejen su dinero dentro del mismo, puede de hecho ocasionar conflictos de interés de difícil resolución, ya que van a estar tomando medidas que pueden afectar directamente sus propios bolsillos.

Fideicomisos Ciegos

Con relación al último tema tratado en la sección anterior, desde hace tiempo venimos promoviendo el establecimiento de "Fideicomisos Ciegos" para ciertos funcionarios jerárquicos.

A grandes rasgos, la idea sería la siguiente:

    a. deberían estar sujetos a las leyes de un país extranjero regido por el derecho anglosajón;

    b. el trustee debería ser independiente y contar con supervisión en la jurisdicción en la cual opere;

    c. deberían ser trust irrevocables por hasta dos (2) años a partir del alejamiento del funcionario del gobierno y 100% discrecionales;

    d. vencido el plazo indicado en el punto anterior, el funcionario de que se trate podrá optar por revocar el trust, mantenerlo como fideicomiso ciego o transformarlo en un trust standard;

    e. debería permitirse que el funcionario en cuestión pueda recibir desembolsos periódicos si acaso precisara de ese dinero para vivir (estos desembolsos estarían sujetos al impuesto a las ganancias en caso de salir de ganancias obtenidas por el trust); y

    f.   mientras el trust sea irrevocable, habrá diferimiento del impuesto a las ganancias por ganancias obtenidas por el trust y dejadas dentro del mismo.

Obviamente habría que determinar a que funcionarios se aplicaría y desde que valor patrimonial.

Y, antes que algún lector desprevenido alegue que el trust es una figura jurídica foránea, desde hace varios capítulos sabemos que tanto doctrina como jurisprudencia en toda América Latina la aceptan en forma pacifica desde varias décadas atrás.

– E –

LIBERALISMO, CAPITALISMO E IMPUESTOS

El objetivo principal de este capitulo es profundizar en dos cuestiones claves: (a) por qué es importante el sistema impositivo de un país y (b) qué nos muestra acerca de la sociedad que vive en el mismo.

Son temas densos, ya lo sé, pero la realidad es que las decisiones que han tomado muchos de los gobiernos de Hispanoamérica en estos tiempos de pandemia son más que preocupantes y han convertido a este tópico en uno de mucha relevancia y actualidad. Por otro lado, son cuestiones que a la larga tienen un impacto directo en los temas que tratamos en este libro.

Si bien los Estados y los individuos interactúan permanentemente, hay algunas cuestiones que no pueden soslayarse y que son importantes de recordar a la hora de determinar si esa interacción debe ser modificada de alguna manera.

Dichas cuestiones son las siguientes:

- Estados e individuos no surgieron al mismo tiempo. Fueron los individuos quienes, en algún momento de la historia, y más que nada por cuestiones de seguridad personal, crearon esta figura abstracta e impersonal que hoy llamamos Estado.

- Lo anterior implica, por un lado, que los individuos deben colocarse en todo momento por encima del Estado y, por el otro, que la función principal del Estado es precisamente asegurar que dichos individuos puedan gozar libremente de sus derechos sin interferencias de terceros. El rol principal del Estado moderno ya no es tanto proteger la integridad física de sus habitantes frente a ataques de otros Estados, sino proveer seguridad jurídica para que los mismos puedan llevar adelante la forma de vida que han elegido.

- La potestad del Estado de avanzar sobre los derechos de los individuos debe ser siempre reducida al máximo y estar absolutamente justificada. Debe ser siempre la excepción, y no la regla. El expresidente estadounidense Ronald Reagan se refería a esto cuando afirmaba que el hombre no era libre a menos que el gobierno estuviera limitado.

Lo anterior implica que, tal cual he explicado en múltiples ocasiones, los impuestos son una agresión a uno de los derechos individuales más básicos, consagrado en Tratados Internacionales y en las Constituciones de la inmensa mayoría de los países: el derecho a la propiedad privada.

Hay quienes sostienen, de hecho, que la propiedad privada es el principal derecho del individuo en tanto miembro de una sociedad ya que, sin ella, no puede existir organización social alguna, ni puede haber entre lo individuos relaciones jurídicas que otorguen a algunos de ellos el derecho a reclamar de otros la entrega de una cosa o la ejecución de algún acto.

Es oportuno recordar aquí algunas frases de varios de los más ilustres representantes del liberalismo. John Locke, por ejemplo, sostuvo que "donde no hay propiedad, no hay justicia". Ludwig Von Mises, por su parte, escribió "si la historia pudiese enseñarnos algo, seria que la propiedad privada esta inextricablemente unida con la civilización".

Para el liberalismo, entonces, no hay libertad, civilización ni justicia sin propiedad privada.

De allí deriva que toda restricción a los derechos de propiedad de los individuos (y también a su privacidad), debe estar plenamente justificada para ser válida y debe, además, ser lo más pequeña posible (tanto en cuanto a intensidad como en cuanto a duración).

Desde este punto de vista, tenemos -en un extremo- los países comunistas, que no reconocen el derecho de propiedad privada sobre los medios de producción y que reconocen a los trabajadores salarios absolutamente magros cuyo único objeto es mantener la opresión sobre los mismos y, en el otro, los países más libres del mundo, que toman una parte relativamente pequeña de lo que producen sus individuos con el fin de poder solventar los gastos de administración del Estado de que se trate. En el medio, hay varios grises.

Desafortunadamente, en América Latina los países –muchos de ellos gobernados durante bastante tiempo por gobiernos populistas de izquierda- se acercan más al modelo comunista que al modelo libera

Si bien no buscan ser propietarios de los medios de producción, si pretenden quedarse con la mayor parte de la renta que esos bienes generan, sin tomar en cuenta, entre otras cosas, que estos bienes generan ganancias por el trabajo de los individuos que los poseen y que un sistema tributario con alta presión fiscal atenta contra el ahorro, la inversión, la productividad y, como consecuencia de ello, contra el trabajo.

Nuevamente, es claro que este tipo de Estados busca que los trabajadores e incluso en muchos casos los dueños de los bienes y servicios dependan cada día más de ellos.

Queda de esta manera respondidas nuestras preguntas iniciales: los sistemas tributarios son importantes porque determinan el grado de libertad y/o de sumisión al Estado que existe en una sociedad determinada, la cantidad de impuestos y la presión tributaria que existe en un país determinado nos muestra el respeto de ese Estado por las libertades individuales.

En este contexto, la pandemia desatada por el Covid-19 dejó en más en evidencia aún el respeto (o la falta de) de cada Estado hacia los individuos que lo componen.

Mientras algunos gobiernos redujeron impuestos, postergaron el pago de estos mientras los individuos no podían desarrollar sus actividades con normalidad y/o crearon incentivos tributarios cuando el mundo comenzó a abrirse (ver los ejemplos de Alemania y su descuento del IVA sobre alimentos o Portugal y Colombia y sus medidas de incentivo de la actividad turística), otros, con España y muchos de los países de América Latina a la cabeza, fomentaron desde la dialéctica la grieta entre ricos y pobres, buscaron aprobar reformas tributarias con el objetivo de aumentar la presión tributaria, intentaron establecer un ingreso mínimo universal y tomaron demás medidas de corte netamente populista (aumento o creación de impuestos a la riqueza, etc.).

Es imposible adivinar qué es lo que nos va a deparar el futuro; no solo por la pandemia, sino también por las distintas cuarentenas impuestas por los Estados y por la decisión de muchos gobiernos (mayormente populistas) de atacar siempre a los mismos sectores: quienes más tienen, quienes más producen, quienes más invierten.

Sin embargo, si es posible predecir que, muy probablemente, los dos tipos de países que mencionamos anteriormente van a aumentar impuestos en el corto y/o en el mediano plazo. Los primeros, para poder financiar las ayudas que han dado. Los segundos, porque la necesidad de generar dependencia es parte de su ADN.

A fin de justificar estos aumentos de impuestos, vamos a ver cada vez más ataques a la competencia fiscal y a las jurisdicciones de nula o baja tributación. Seguramente vengan de la OECD, el G-20 y la Unión Europea, como viene sucediendo desde hace tres décadas. No creo que las criptomonedas se salven de estos ataques, ya que se trata de activos en los cuales mucha gente que busca privacidad y seguridad han comenzado a resguardarse.

Quienes adherimos a las ideas de la libertad tenemos que estar, por ende, más atentos que nunca.

Por las razones que esbocé aquí, una de las formas de estarlo es precisamente prestar atención a los cambios que se vayan proponiendo en materia tributaria.

No hay que dejarse engañar con consignas que pueden sonar lindas en los papeles (como puede ser el salario mínimo universal) pero que terminan con una parte cada vez más pequeña de la población, que es la que más invierte y arriesga y la que más empleos genera, sosteniendo al resto, luego de que los jerarcas de turno -claro está- se hayan llevado su parte.

En un contexto de crisis mundial, las limitaciones a los derechos individuales no ayudan absolutamente a nadie.
Desde ya que no ayudan a los pagadores de impuestos, que ven aún más limitada su capacidad de trabajar, de invertir y de ahorrar, pero tampoco ayudan a los Estados ya que, a determinado nivel de presión fiscal, el aumento de impuestos no genera una mayor recaudación, sino todo lo contrario.
Resumiendo, el sistema tributario de un país y sobretodo los cambios que pretenden realizar los gobiernos al mismo en medio de una situación de crisis nos muestran el respeto que dichos gobiernos tienen hacia la propiedad privada y, por ende, hacia los derechos de los individuos que integran la sociedad de que se trate.
Decía Ludwig von Mises que "la historia de Occidente, desde la era de las polis griegas hasta la resistencia actual al socialismo, es esencialmente la historia de la lucha por la libertad contra los privilegios de los burócratas".

En tiempos de crisis, todos debemos prestar más atención a esta lucha, ya que las consecuencias de no estarlo son más gravosas. Y desde ya que cada individuo hará al respecto lo que tenga ganas de hacer. Habrá algunos que querrán involucrarse políticamente y defender en ese campo las libertades individuales. Habrá otros, que preferirán ser parte de la llamada "batalla cultural", y tratarán de generar y difundir ideas que primero volcarán en consignas o plataformas electorales. Por último, estarán los que –sin interesarse en una cuestión o en la otra– buscarán establecer estrategias de protección patrimonial a nivel personal o familiar que les permitan defenderse de los ataques que sin duda se vienen.

Obviamente, no se trata de caminos excluyentes entre sí. Para terminar, dejemos por un momento al liberalismo como opción ética e ideología y centrémonos en el capitalismo, es decir, en el único sistema económico que puede contener al liberalismo, que ofrece un vehículo para que las ideas liberales puedan florecer y actuar, como diría Antonella Marty, como un verdadero antídoto contra la pobreza.

Si el liberalismo, al menos en palabras de Alberto Benegas Lynch (h), puede definirse como el respeto irrestricto hacia el proyecto de vida del otro, la libertad de mercado implica el respeto irrestricto hacia las preferencias de los individuos acerca de los bienes y/o servicios que aquellos deseen ofrecer o consumir.

En un sistema verdaderamente capitalista, el Estado no podría obligar a un particular a producir, adquirir o disponer de un determinado producto o servicio, ni tampoco podría fijar precios o establecer otras condiciones de comercialización.

Ahora bien, si los miramos desde un punto de vista estrictamente capitalista, o de mercado, los impuestos representan el precio que pagan los pagadores de impuestos para vivir en un lugar determinado.

No se trata de un pago voluntario; pero es un pago al fin.

En un mundo ideal, con pocas barreras para la inmigración legal y competencia fiscal plena, los países que mejor garanticen la seguridad física y jurídica de sus ciudadanos deberían poder cobrar impuestos más altos.

¿Por qué?

Porque las personas elegirían libremente dónde vivir y que nivel de impuestos pagar; y habría una verdadera competencia entre países por captar no solo capitales sino tambien personas. Esto ultimo, porque la forma de aumentar recaudación pasaría por tener más población y no por cobrar más impuestos o aumentar las alícuotas.

Cómo hay muchos países que cobran impuestos por encima de los que razonablemente deberían poder cobrar, limitan tanto la inmigración como, fundamentalmente, la competencia fiscal. Prefieren tener menos pagadores de impuestos pero que estos paguen los impuestos más altos que se puedan cobrar. En términos económicos, recurren a actitudes monopólicas (o, cuando menos, oligopólicas).

Por todo ello, es un error combatir el sistema capitalista. Muy por el contrario, deberíamos intentar que sus reglas lleguen a lugares donde hoy no aplican, o no se aplican de manera pura, como es el caso de los Estados y, puntualmente, de sus sistemas tributarios.

– F –

PLANIFICACIÓN PATRIMONIAL PARA DEPORTISTAS DE ÉLITE

Boris Becker

Pocos partidos de tenis quedaron tan grabados en mi memoria como aquel en el cual Boris Becker venció en cuatro sets a Kevin Curren para ganar su primer Wimbledon.

Corría julio de 1985 y este joven, talentoso y carismático tenista alemán se convertía, al mismo tiempo, en el primer jugador no preclasificado, el primero de origen alemán y el más joven (17 años y 222 días) en ganar Wimbledon.

Durante su carrera profesional, Boris Becker ganó 49 torneos en singles (6 de ellos de Grand Slam) y 15 en dobles, acumulando premios por más de 25 millones de dólares. Esta cifra lo coloca, aún hoy, dentro del Top-10 de tenistas que más dinero han ganado, siendo uno de los pocos ex jugadores que pueden darse ese lujo teniendo en cuenta que las cifras que se manejan en la actualidad son muy superiores a las que se veían en los 80' o 90'.

A pesar de ello, en junio de 2017 Boris Becker se presentó en bancarrota.

Las principales causas detrás de dicha bancarrota fueron las siguientes:

- tres matrimonios fallidos;
- una hija no reconocida frente a quien perdió un juicio por US$5,000,000; y
- problemas con las autoridades impositivas que le ocasionaron multas por US$3,500,000.

De ser el de Boris Becker un caso aislado, no lo incluiríamos en el libro; pero claramente no lo es. De hecho, de acuerdo con las estadísticas que compartiré con ustedes en la siguiente sección, podría sostenerse que Becker no solo no fue una excepción a la regla, sino que justamente fue la regla.

La lista de deportistas multimillonarios que lo perdieron todo incluye a Mike Tyson, Allen Iverson, Marion Jones, Björn Borg, Andreas Brehme, Iván Zamorano y muchísimos otros.

Destaco el caso de Anthony Devon Walker, un destacado jugador de la NCAA (donde fue campeón en 1996) y la NBA (donde jugó en Boston, Miami, Dallas, Atlanta y Minnesota a lo largo de 13 temporadas) que pasó también penurias económicas luego de su retiro y que a partir de 2010 se unió a Morgan Stanley como consultor de su departamento especializado en deportistas y artistas (la *Global Sports and Entertainment Division*).

Estadísticas

Me parece oportuno, tal cual había adelantado, compartir con Uds. algunos datos estadísticos que ayudan a tomar cabal dimensión del problema que estamos tratando.

Acá el objetivo no es ni remotamente ayudar a una familia a transferir su riqueza a la segunda o tercera generación o proteger esos bienes frente a terceros o ante situaciones extraordinarias que puedan eventualmente acaecer. Se trata, por el contrario, de lograr que al menos queden activos mientras quien los originó siga vivo y el principal riesgo para ese patrimonio, por irónico que pudiera parecer, es justamente quien lo generó.

Vayamos a los fríos números:

- un estudio realizado por Xpro, una organización sin fines de lucro que brinda ayuda a ex-futbolistas ingleses ha llevado adelante una investigación sobre este tema cuya conclusión fue que el 60% de los

jugadores retirados de la Liga Inglesa cae en bancarrota apenas cinco años después de finalizar su carrera;
- de acuerdo con información suministrada por la asociación de jugadores de la NBA, y negada por la NBA, casualmente ese mismo porcentaje (60%) y ese mismo plazo (cinco años desde el retiro) aplican también a ex-jugadores de la NBA, cuyos salarios y premios, en promedio, son mucho más altos que la media de los futbolistas ingleses; y
- en el caso de la NFL, de acuerdo con un estudio realizado en 2009, la situación es aún más preocupantes: el 78% de los mismos habían quebrado o había vivido situaciones extremas en materia financiera dentro de los dos años de retirarse;

Las razones detrás de estas estadísticas

Evidentemente los deportistas, aún los más exitosos, comparten una característica esencial con relación a la generación de riqueza: producen mucho dinero durante una etapa relativamente corta de su vida y precisan que les alcance para un período de tiempo mucho mayor, durante el cual sus ingresos disminuyen en forma drástica.

A la situación descripta en el párrafo anterior, que aplica a todos los deportistas, hayan manejado bien o mal su dinero, se suman –en general– las siguientes:

- poseen un bajo nivel de instrucción;
- adquieren bienes caros que se deprecian rápido (i.e. relojes, automóviles, etc.) y/o otros cuyos costos de mantenimiento son muy elevados (i.e. aviones, yates, etc.);
- asumen la responsabilidad de mantener económicamente a terceros;
- reciben mal asesoramiento al invertir;
- tienen problemas con el juego, de índole familiar (i.e. divorcios, hijos no reconocidos, etc.) y/o con autoridades fiscales; y
- confían en exceso en asesores poco escrupulosos (i.e. contadores, agentes, asesores financieros, etc.).

A fin de graficar este último punto, y de acuerdo con la revista Sports Illustrated, se calcula que *"al menos 78 jugadores de la NFL perdieron más de $42 millones entre 1999* *y 2002 por haber confiado su dinero a personas de mala reputación, como fue el sonado caso de Stanford Financial Group del hoy convicto Robert Allen Stanford, acusado de un complejo fraude financiero".*

Objetivos de la Planificación Patrimonial para deportistas de élite. Algunos consejos prácticos

Cuando se habla de planificación patrimonial en el caso de los deportistas de élite, en general se incluye lo siguiente:

- representación del deportista y búsqueda de sponsors
- negociación de contratos profesionales y gestión de eventos;
- gestión de las relaciones externas e imagen; y
- planificación del futuro post-profesional.

De estas tareas u objetivos, claramente al que más importancia se debería dar es al último. En la práctica, sin embargo, sucede todo lo contrario.

En el caso de nuestros clientes, nosotros insistimos en lo siguiente:

- nunca es tarde para obtener una buena educación, aunque sea no formal;

- es importante considerar los aspectos tributarios de cada transferencia y cerrar en forma prolija el paso por cada país en el cual van a jugar (nos referimos más que nada a bajas fiscales, impuestos de salida y demás);
- establecer un *trust*, que en muchas ocasiones puede ser fondeado por sponsors, al cual no puedan tener control ni acceso directo y destinar a él, de ser posible una porción relevante de los ingresos; y

---

[25] Para quienes no lo conocen, **George Best** (apodado "El Quinto Beatle") fue un mítico jugador de fútbol del Manchester United que a los 22 años ya había ganado dos Ligas Inglesas, una Champions y el Balón de Oro. Desafortunadamente, con toda su carrera por delante, se convirtió en un adicto al alcohol, a las fiestas y a las mujeres lo cual lo llevó a alejarse del Manchester United y a vagar de equipo en equipo hasta que debió abandonar el fútbol con más pena que gloria.

- en el caso de querer ceder la imagen a una estructura fiduciaria, hacerlo al comienzo de la carrera, por un precio de mercado, a una estructura que no controlen y que tenga obviamente substancia.

Si bien este tema da para mucho más, el nivel de detalle excede los objetivos del libro.

Cerramos, entonces, con dos tan recordadas como oportunas frases de George Best[25]:

"Gasté mucho dinero en coches, mujeres y alcohol. El resto lo malgasté".

"No mueran como yo".

Queremos creer que Best pronunció esta última frase cuando advirtió la importancia de la planificación patrimonial.

www.ingramcontent.com/pod-product-compliance
Lightning Source LLC
Chambersburg PA
CBHW052309220526
45472CB00001B/47